2010年　第2辑（总第6辑）

演化与创新
经济学评论

Review of Evolutionary Economics
and Economics of Innovation

教育部战略研究基地浙江大学科教发展战略研究中心　主办

中国演化经济学年会　协办

科学出版社

北 京

内 容 简 介

《演化与创新经济学评论》致力于介绍近些年来在西方蓬勃发展的演化经济学,展现中国学者在演化经济学这一新的经济学研究范式中取得的成果,并为中外学者就演化经济学的重大理论及其应用问题进行讨论和对话提供平台。

呈现在读者面前的这本专辑收录的论文除了乌尔里希·维特(Ulrich Witt)教授关于"演化经济学是什么"的一篇专稿外,还有贾根良教授的题为"美国在经济掘起之前为什么排斥外国直接投资?"的论文,其他几篇均为"第三届中国演化经济学论坛暨年会(2010年·杭州)"的入选论文,其主题皆围绕演化与创新经济学展开,内容涉及对产权的社会契约性质的探讨、马歇尔对创新经济学思想史的贡献、分配正义问题的演化经济学视角、关于我国产业集群创新与升级问题的演化发展经济学分析以及企业的知识寻供型研发问题等。集中并突出了演化与创新经济学等国内外广泛关注的重要学术话题,也与我国制度创新深化与自主创新战略这两大实践主题相呼应。

本专辑可为公共政策的制定者提供学理思考与借鉴,亦可作为政府科技领域的高层领导、企业高级技术主管、大学与科研院所的科研管理与科技工作者的参考用书,尤其适合理工科、管理学等专业以及社科、经济学专业硕士生及博士生,对于想了解和深入研究演化与创新经济学的人更是不可或缺的参考资料。

图书在版编目(CIP)数据

演化与创新经济学评论. 第6辑/陈劲主编. —北京:科学出版社,2010
ISBN 978-7-03-028781-6

Ⅰ.①演… Ⅱ.①陈… Ⅲ.①经济学-文集 Ⅳ.①F0-53

中国版本图书馆 CIP 数据核字(2010)第 166181 号

责任编辑:马　跃 / 责任校对:钟　洋
责任印制:张克忠 / 封面设计:耕者设计工作室

科学出版社 出版

北京东黄城根北街 16 号
邮政编码:100717
http://www.sciencep.com

双青印刷厂 印刷
科学出版社发行　各地新华书店经销

*

2010 年 8 月第 一 版　开本:787×1092 1/16
2010 年 8 月第一次印刷　印张:7 1/2
印数:1—1 800　字数:170 000

定价:35.00 元

(如有印装质量问题,我社负责调换)

目　录

演化经济学具体是什么？ ……………………………………………………
…………………… 乌尔里希·维特（Ulrich Witt）张林，李青　译，张林　校（1）
美国在经济崛起之前为什么排斥外国直接投资？ ………………… 贾根良（23）
第三届中国演化经济学论坛暨年会简报 ……………………………………（27）
产权的社会契约性质：起源…………………………………… 陈安宁，朱喆（33）
马歇尔对创新经济学的思想贡献 …………………………………… 徐尚（56）
演化理论与分配正义………………………………………………… 丁建峰（66）
产业集群发展与国家赶超战略：演化发展经济学视角………… 刘志高，尹贻梅（83）
产业空间集聚影响因素探究——基于上海地区工业行业的面板数据分析 ……………
…………………………………………………………… 郑敏，张旭昆（95）
研发能力、外部性与市场结构——以知识寻供型研发为例的模型分析 ………………
…………………………………………………… 吉生保，张振华（102）

演化经济学具体是什么？[①]

乌尔里希·维特（Ulrich Witt）

张　林[②]，李　青[③]译，张　林校

摘　要：自经济"演化"观提出以来，在其具体含义上一直有不同看法，一部分看法甚至是不相容的。通过阐明这些不同看法是什么，以及是什么导致了差异，本文明确了演化经济学的四种主要方法。它们之间的差异可以追溯到关于演化的现实，以及如何将演化恰当地概念化方面的基本假设上的对立立场。在演化博弈论中也可以发现同样的差异。本文还通过同行调查评价了演化经济学的这些主要方法的绩效，以及他们对未来研究前景的态度。

关键词：演化　演化经济学　演化博弈论　新熊彼特主义经济学　普遍达尔文主义　制度经济学

JEL：F011　F069　F091

一、引　　言

自从19世纪末期"演化"这个名称被引入经济学语境以来，就一直在讨论"经济学的演化方法具体是什么"这个问题。但至今仍然没有一个公认的答案。尽管如此，将演化思想应用到经济学中的兴趣在近几年与日俱增。在对EconLit数据库论文目录的计量分析中，Silva和Teixeira（2006）发现，经济学期刊上发表的把"演化"作为关键词的论文数量，在1986年到2005年间大致呈指数增长。2005年，这类文章在EconLit数据库当年收录的所有期刊论文中占到1％。但是Silva和Teixeira也发现，虽然对演化这一术语的使用越来越多，但其含义却是越来越不一致。关于经济分析中的"演化"名称的具体特征还没有达成共识，更不要说像均衡连同最优化框架这种经典经济理论中公认的范式"硬核"了。

在这种条件下，似乎有必要去梳理一下演化经济学在解释、主题和方法上的差异，以及导致这种差异的原因。这不只是为了探索调和不同立场的可能性。鉴于这一领域最近的一些发展，这是尤其有必要做的工作。一方面，对演化经济学中进化生物学和达尔文主义所扮演的角色越来越感兴趣（Nelson，1995；Foster，1997；Witt，1999；Laurent and Nightingale，2001；Knudsen，2002；Andersen，2004）——这是由寻求

---

①　原文载《演化经济学杂志》（Journal of Evolutionary Economics）第18卷（2008年），547—575页。

②　张林，男，经济学博士，云南大学经济学院教授、副院长，研究方向为制度主义经济学。

③　李青，女，管理学硕士，浙江树人大学助教，研究方向为创新管理与创新经济学。

一种统一的演化方法而驱使的兴趣。另一方面，还有一些各自为政的迹象。例如，演化博弈论很少关注能更广泛地与演化经济学相联系的研究，反之亦然（Samuelson，2002；Nelson and Winter，2002）。因此，本文试图在经济学背景下找出"演化"这个名称的分歧的主要源头。在这一尝试中，应该让一种统一的演化方法的前景或者限定清晰可见。这样一种澄清也有利于对这一领域的新发展进行评价。

科学方法在很多方面有差异。最常发生的差异通常存在于科学推理的三个层面上。它们是本体论层面（作出关于现实结构的基本假设），启发式层面（如何表达问题以归纳出假说），以及方法论层面（用什么方法来表述和验证理论）。本文指出，更好地理解演化经济学的关键，在于在这三个层面之间以及相应的假设（通常是隐含的）之间作出区分。例如，不同作者对演化方法的特有考虑，很可能取决于他们如何在经济学背景下将"演化"概念化。这是在启发式层面上的一个判断，即用什么概念来表达问题以及对它们的解释。一个不同的问题是，这些作者如何界定演化经济学的议题。经济现象可以被看做是形成了自己的现实领域，如一种主观爱好和信念的领域。从而这个议题区别于把经济活动视为（如用达尔文主义的话来说）与自然的约束相互作用，以及由人类遗传禀赋所决定的结果这样一种议题。这是本体论层面的一种判断。在这种层面上，关于现实结构的假设塑造了对研究对象的看法以及学科的边界（Dopfer，2005）。

在新熊彼特主义对演化经济学的很多贡献中，基于与达尔文主义自然选择理论相类比的隐喻，新熊彼特主义在启发式层面（即作为将经济学领域中的演化概念化的手段）得到了强烈的支持。同时，也存在来自自然主义的挑战，达尔文主义关于经济的世界观在本体论层面上常常是被忽视的（如果不是被拒绝的话）。相反，Veblen（1898）、Georgescu-Roegen（1971）、Hayek（1988）、North（2005）这些作者则采用了演化经济学的一种自然主义方法（但他们彼此在其他很多方面截然不同）。这在启发式层面上与达尔文主义概念的类比是不一致的。对比来看，普遍达尔文主义（universal darwinism）这种新方法所倡导的恰恰是基于达尔文主义概念的抽象类比的启发式与自然主义的本体论立场的一种结合（Hodgson，2002；Hodgson and Knudsen，2006）。演化博弈论基本上忽略了演化经济学领域的概念讨论和争论。然而，正如本文下面将要解释的那样，在演化博弈论中，各种意见是严格按照相同的路线来划分的。

最后，在第三个层面——方法论层面上，可以作出引起争议的假设。这里的一个真正经久不衰的争论是关于这样一个问题：是否要说明以及如何说明历史在经济学理论发展中的作用。不过本文将指出，这个问题在演化经济学中很少存在争议，这可能是因为在所有不同的解释中，演化过程的历史偶然性是得到明确承认的。因此，在方法论层面的不同立场通常意味着，他们提出了不同的方法去处理历史维度。但在大多数情况下，方法的选择是由所考察的问题的特殊性来决定的。各种方法往往是互补而不是替代的。因此，在方法论层面上的判断更多的是务实的问题而不是原则问题，也不是在"演化经济学具体是什么"这个问题上的差异的原因。

因此，本文指出，对演化经济学的不同解释的源头在于（往往并非明确声明的）本体论和启发式立场上的分歧。为了更详细地讨论这个论点，第二部分更深入地讨论了科学推理的每一个不同层面上的争论——本体论层面、启发式层面和方法论层面。第三部分表明，一旦承认了关于前两个层面的对立看法，那么就可以将其用于识别演化经济学的四种不同方法。这些方法在它们核心的研究主题上也是不同的。第四部分转向讨论演化博弈论，并且指出，尽管它与演化经济学几乎没有交流，但演化博弈论同样面临着本体论和启发式层面相同的争议。在第五部分用这些不同方法评价了演化经济学的成就和未来展望。为了有一个更具代表性的描述，这里的评价是基于同行调查的结果。第六部分提出了结论。

二、为什么与本体论和启发式有关而与方法论相对无关

正如在引言中提到的，关于演化经济学具体是什么的问题有几个方面，分别对应于科学推理的不同层面：本体论、启发式和方法论层面。通过把演化经济学的各种解释回溯到在这三个层面上作出的不同假设，争议的原因就会更加清晰，而且在调和分歧意见时的难度也可以得到更好地评估。

如果要从本体论层面开始，即从关于现实结构的基本假设开始，那么一个可能的立场是本体论的一元论。意思是假定经济的变化和自然的变化都属于相互联系的现实范围，从而可能是相互依赖的过程。这种本体论的连续性假设受到统一的科学这种理想的支持者的欢迎（Wilson，1998），并且它包括了采纳一种人类领域的自然主义观。正如在其他地方所解释的那样（Witt，2004），这种本体论的连续性假设并不意味着经济中的演化和自然中的演化是相似的，甚至是同一的。物种在自然选择的压力下，在自然中的演化以及不断进行的演化所遵循的机制，已经为包括人类经济演化在内的、演化的人为的、文化的形式塑造了基础，而且还在不断影响着这种演化形式的约束条件。但是在这个基础之上已经出现的人为演化机制，与自然选择和遗传的机制是大不一样的。人类的创造力、洞察力、社会学习，以及模仿能力，已经确立了一些高速的、同一代人的（intra-generational）调整适应机制（Vromen，2004）。[①]

本体论的连续性假设的含义——经济和经济变迁是与自然主义的基础联系在一起的——是常常被支持二元论本体论的人所忽视、甚至明确反对的一种思想。二元论本体论的倡导者把经济和生物演化过程视为属于不同的、分离的现实范围。[②] 结果，由于自然演化中的历史嵌入而导致的对经济演化的影响——如人类遗传禀赋对经济行为的影响这一类现象——就被忽略了。因此，关于现实的这些基本假设是经不住检验的，它们有时被归为形而上学。它们是研究者日常世界观（informal world view）的一部分，从而会被戏称为她或他的"本体论立场"。

第二个层面的争论与启发方法有关，这些方法引导了问题的表达，从而引导着人们

---

① 从这种连续性假设的观点来看，达尔文主义进化论从而就是解释经济变迁的一种元理论。与演化心理学中的情况一样（Tooby and Cosmides，1992），它允许遗传禀赋（确定在早期人类处于残酷的选择压力之下那个时候）受到今天仍然对经济行为发生作用的那种影响力的改造。此外，在此基础上，早期人类发展史中经济演化得以开始的那些条件也是可以被改造的。与现代经济的条件的一个对照，不仅导向对后者采取自然主义的观点，而且也有助于更好地理解这种发展的历史路径。见 Witt（2003）对此更详细的讨论。

② 一种二元论本体论往往用与笛卡儿式的对人文——经济属于这个范畴——与科学的划分的相关性来为自己辩护，见 Herrmann-Pillath（2001）和 Dopfer 和 Potts（2004）的讨论。

在演化经济学中进行推理和假设的方式。在这个层面上，一些作者认为使用一些演化生物学的特殊分析工具和方法，是"演化"经济学区别于经典经济学的具体特征。在这里，他们发现自己与其他社会科学是同盟军，这些社会科学在生物选择模型和种群动态上的类似解释，同样为各自领域中的演化的概念化提供了启发式基础。这并不令人惊讶，因为达尔文主义的自然选择理论普遍被视为今天的演化理论的原型。

在把达尔文主义理论普遍化地扩展到演化生物学领域的支持下（Dawkins，1983），三个演化原理作为构建演化理论的启发法，如今越来越流行：盲目变异（blind variation）、选择（selection）以及保持（retention）（Campbell，1965）。这些原理源于对达尔文主义自然选择理论的一些关键元素的抽象归纳，并且已经应用到技术、科学、语言、人类社会以及经济的演化这个概念的阐述中（Ziman，2000；Hull，2001；Hashimoto，2006；Hallpike，1985，1986；Nelson，1995）。从其他学科借用这些具有学科特性的抽象，这意味着它们仍然要依赖一种类比解释，尽管这种类比是抽象的类比。类比解释和隐喻是在科学工作中经常使用的启发方法，并且可能卓有成效。问题是，总会存在一种由于类比的偏见和不完整而导向歧途的风险。经典力学与经典经济学中的效用和需求理论之间的类比就是一个众所周知的例子（Mirowski，1989）。演化经济学中的类比解释中也存在同样的问题（Vromen，2006；Witt and Cordes，2007）。

还有其他一些用来形成演化概念的启发式策略。它们不是由类比产生的，而是来自演化的一般概念。看看一些演化发展的事物，如一个物种的基因库、一个人类群落使用的语言、一个经济的技术和制度、或者人的大脑产生的一系列思想。虽然这些实体会对外生的、原因不明的力量（"冲击"）作出反应并随时间的推移发生变化，但它们真正的演化特征是，它们能够随着时间的推移内生地自我转变。它们内生变化的根本原因是创造新奇事物（novelty）的能力。发生变化的方式在不同领域大为不同，例如在生物领域，决定性的过程是基因的重组和突变。这与其他过程大为不同，例如在语言的演化中产生新语法规则或者新习语的文化过程。这两种情况又不同于经济中新生产技术的发明或者新制度的出现。

在所有这些情况下，跨学科领域的一般特征是新奇事物的内生涌现。但这还不是全部。虽然新奇事物可能是演化中的实体发生性质上的变化的触发因素，但实际的转变过程还取决于已产生的新奇事物是否以及如何得到传播，并且是否通过传播来转变为实体。新奇事物的传播——说明演化的一般特征的一对概念——通常是由很多因素决定的，并以很多形式出现。它们是多层次的竞争扩散过程，就像生物领域的自然选择或者在人类思想、实践和人为现象的传播中经常见到的非选择性模仿行为带来的连续采用过程。"演化"的一般特征——在某种程度上并非特定领域的——因此可以归纳为一个自我转变的过程，其基本元素是新奇事物的内部产生，以及其视情况而发生的传播（Witt 2003）。新奇事物涌现和传播的一般概念，为演化科学中的问题的解释和假设的归纳提供了一个起决定作用的启发法。

因为一个人的本体论立场是独立于他用来形成经济学中的演化概念的启发式策略的，所以使用任何两两组合中的一个——一元论对二元论、一般化的达尔文主义的启发法对一般的演化启发法——原则上来说都是可能的。的确，这些组合的四个因素中的任何一个，都是对"演化经济学具体是什么"产生不同解释的根源。这些解释将在下一部分更详细地解释。但在此之前，需要稍加离题地涉及方法论层面的问题以完成对争论的三个层面的讨论。这里的争论围绕着这个问题而展开：如何解释在任何特定时点上的经济演化导致了那些具有历史特殊性的条件和事件。

这场争论始于凡勃伦。他采取德国历史学派的方法论立场阐述他那种形式的演化经济学（Hodgson，2001）。这场争论的前奏就是 19 世纪末的方法论之争。[①] 这里不讨论这个前奏。可以说，如果按照流行的讽刺来理解历史学派的立场，将其视为一种完全是描述性的、反理论的历史主义，否认经济学中的一般假设和演绎推理的可能性，那么就难以理解凡勃伦的倾向。早期历史学派过于强调历史档案，以一种极具描述性特征的形式登记和复制不同制度下盛行的经济条件的资料。但这并不意味着理论推导是不可能的。

历史学派可以被看做 19 世纪流行的后启蒙运动经验主义的一部分。在科学中，这种经验主义，即决心去揭示历史事实是什么、化石遗迹看起来像什么以及去记录这些发现，具有与洪堡（Humboldt）、莱尔（Lyell）、赫歇尔（Herschel）、华莱士（Wallace）等人的名字相联系的自然主义运动的特征（Yeo，1993）。在周游世界后，研究者著书立说，在学术会议上提出他们的观察和发现。[②] 要了解自然，就意味着首先要掌握它的林林总总。一些类似于自然主义者的态度似乎吸引了凡勃伦，他想要将自然主义的视角扩展到经济演化。因此，他支持这样一种方法论：主要从重建历史习惯、制度、技术等，以及它们历史上在其中得以发生的秩序开始的方法论。

当然，如果说在任何时候，历史描述都是说明自然状态或者经济具有历史独特性的唯一方法，那么演化生物学将会归纳自然史，而演化经济学将会归纳经济史，但事实并非如此。关于历史记录中表现出来的一般因果关系和机制的理论思考是可能且富有成效的。达尔文的自然选择理论、遗传规律以及最近的生物物理学基础，都是关于历史记录如何发生的一般假说。同样，具有特定时代特征的特定经济条件和事件可能具有历史独特性，但这并不一定是它们得以产生的方式以及在不同状态之间发生转变的模式。也许可以认为，这些变化机制是具有更一般的性质的机制，因此它们产生了经济史中可以通过一般性假设来解释的反复出现的特征。

经济现象表现出的历史偶然性在方法论上的挑战留下了大量要作出回应的选择。这些选择在对演化经济学的不同贡献中得以实现，与它们特定的本体论和启发式立场无关。的确，似乎有一种所有本体论和启发式立场都接受的趋势，那就是不同的解释上的挑战需要不同的方法论回应。回应的一种方式是为已观察到的技术及其知识基础的变化建立历史的叙述。这种叙述识别、记录、澄清了事件的历史顺序。正如 Mokyr（1998，2000）的成果表明的那样，对这样的经济史定性的理论考察，可以建立在一种选择类比和隐喻的启发法基础之上。在同样的基础上，另一种方法论选择是，如用来解释一个产

---

① 指门格尔与施穆勒的方法论之争（译者注）。

② 从更宽的视角来说，经验现象的历史偶然性绝非经济学特有的问题。科学从非历史的、牛顿式的世界观向演化世界观的大转变，其核心阶段是达尔文革命期间（Moore，1979）。值得注意的是，自然主义者的经验主义为这种转变准备了基础（Mayr，1991）。

业生命周期中进入与退出动态的历史记录的成熟的定量生存模型（sophisticated quanti-tative survival models）的发展（Klepper，1997）。

与其他启发策略兼容的另一种历史重建方法是"历史友好的、感激历史的"（history-ry-friendly，appreciative）建模方法（Malerba et al.，1999）。它使用了各种数值模型，通过这些模型的模拟，可以同一个观察到的历史事件或者经验时间序列相吻合（Cowan and Foray，2002）。与启发式策略的选择无关，一种经常被采用的方法论形式是聚焦于解释演化过程的重复特征，而不是它的历史独特性的结果。这意味着进行理论解释，例如对变化的一些根本机制或者一些典型的转变模式的理论解释（假定它们本身不具有历史独特性，但包含在具有历史独特性的结果的产生之中）。大量建模方法是建立在这种方法论的基础之上：描述作为创新结果的技术变革的扩散模型（Metcalfe，1988）；模仿竞争性产业变迁的选择模型（Metcalfe，1994）；技术或制度变迁中的路径依赖、锁定，以及临界物质（critical masses）模型（Arthur，1994；David，1993；Witt，1989）。最后但同样重要的是还有一种选择：它提出了关于演化本身的历史过程的解释性假说，如哈耶克（Hayek，1988）的社会演论理论。

因此，演化经济学中有大量不同的方法论选择（Cantner and Hanusch，2002）。它们可以按一种实用主义的方式被用于处理演化过程中的历史偶然性，事实上也确实得到了应用。因此，或许可以断言，至少在演化经济学中，方法论之争不再是引起巨大争议的源头。在演化经济学中持续不断的争论分裂出这些选择，并且引发这个领域的一些新发展的，不是在方法论层面，而是在本体论和启发式层面。

三、演化经济学指南

上一节指出，与本体论立场和启发策略相关的差异对理解演化经济学的方法差异起决定性作用。这可以方便地表现在一个 2×2 矩阵中。图 1 描述了两种本体论立场以及与之相对应的两种启发策略。这种表现形式为演化的非正统学说以及这个领域的一些新发展提供了指南。当然，鉴于演化经济学方面的研究贡献较多，这里不会试图以概览的形式对它们详细加以讨论。这里较为有限的目的是搞清楚这些有差异的主要方法是什么，以及它们为什么有差异。

		本体论立场	
		一元论	二元论
启发策略	一般化的达尔文主义概念（变异，选择，保持）	普遍达尔文主义	新熊彼特主义（纳尔逊和温特）主题：创新、技术、研发、企业常规、产业动力学、竞争、增长、创新的制度基础
	演化的一般概念（新奇事物的涌现和传播）	自然主义方法（凡勃伦、乔治斯库·罗金、哈耶克、诺斯）主题：长期发展、制度演进、生产、消费、增长和可持续性	熊彼特（1912）

图 1　演化经济学的解释

图 1 矩阵右下角方框表示的是结合了一种基于一般的演化概念的启发策略的二元论

的、非自然主义的经济学本体论视角。这是 Schumpeter（1912）在《经济发展理论》一书中的立场。这是他对经济发展的独特解释的基础，通常被认为是对演化经济学的开创性贡献。熊彼特并没有精确地使用"演化"和"演化的"这些词，因为他想避免与在他看来提出了演化这个词的一元论达尔文主义的解释有所联系。[①] 他在阐述自己的理论时受到了这样的观念的引导，即经济转变过程"从本质上讲是产生于它自身内部的"（Schumpeter，1912）。他把企业家的创新视为变革的源泉。如果创新成功，它们会通过模仿而在经济中传播，从而改变经济的结构。这完全是聚焦于新奇事物的内生涌现及其传播的一般性演化的启发法。

但是，熊彼特并没有充分开发他的独到见解。他用发明与创新的区别来贬低了新奇事物创造（发明）的作用，并以一种唯意志论的方式，反过来强调了企业家勇士般的特性的重要性，企业家似乎命中注定必然是为开展创新而生的。因此，他的注意力离开了创新所依据的新知识是如何被创造出来的，以及相应的搜寻和实验活动——新奇事物的源泉——是如何被激发出来的。此外，熊彼特理论的灵感尤其来自当时正在进行的关于危机驱动的资本主义发展的争论，以及他自己经历的 19 世纪和 20 世纪之交不平衡的增长和创造财富的工业化过程。这也许就解释了为什么他的经济发展理论是根据资本主义发展的不稳定理论，即经济周期理论而提出的。引发了创新和模仿浪潮的企业家"蜂拥"而起，由此导致经济以周期性的模式进入"繁荣与萧条"的阶段。

那个时候，对经济周期的解释是经济学研究的前沿。把他的经济发展理论表现为对发展中的经济周期研究的贡献，熊彼特就能赢得重要经济学家的声望。但是推销他的理论的这种方式，减损了人们对这种理论的非牛顿式的、演化的基础的关注。当熊彼特后来（1942 年）修正了他的理论的一些重要部分的时候，这种演化的推动力被大大削弱了。他宣称，在资本主义的进一步发展中，推动者-企业家的作用将被大型官僚公司和托拉斯所代替，因此删掉了他的企业家理论最初的心理学上和动机上的基础（很难与均衡-最优化范式相调和的那些基础）。他这时候强调的是与大托拉斯按照常规的创新相伴随的结果：一方面是空前的经济增长和生产力提高，另一方面是保护创新投资所必需的垄断行为。通过指出这二者必然相伴出现，他挑战了完全竞争这种确定的理想。对竞争过程的这种解释——后来被称为"熊彼特假说"——激起了长期的争论，产生了大量经验和理论贡献（Baldwin and Scott，1987）。然而，更广泛的、演化的含义渐渐从人们视野中消失了。

Schumpeter（1912）提出的这种独特的启发式策略没有找到追随者。熊彼特杰出的哈佛大学的学生们没有将其发扬光大，除了乔治斯库·罗金（后述）。对熊彼特在演化方面的先驱性贡献的兴趣的复苏，不得不一直等到 Nelson 和 Winter（1982）的著作，以及他们的新熊彼特主义综合。但是这种综合却是基于一种不同的启发式策略。在 20 世纪 50 年代关于"经济自然选择"的争论中，与自然选择理论相关的类比和隐喻的

---

① 见 Schumpeter（1912）。这一章在后来的版本以及 1934 年的英译本中都被删除了。只是在最近的英译本中（Schumpeter，2002）才公之于众。在这一章，熊彼特非常明确地批评了他那个时代的经济学纯理论，这种理论的缺陷是它的牛顿式的均衡启发法。但他自己并未抛弃这种理论的二元论本体论立场。

出现，使得它们成为经济学中一种可能的启发式策略。[①] 纳尔逊和温特引入这种启发法，使得对达尔文主义概念的隐喻使用成为他们描述企业和产业转变过程的概念时的核心元素，从而取代了熊彼特用来避免达尔文主义概念的那种一般的演化启发法。实际上，在新熊彼特主义阵营内，转向达尔文主义的选择隐喻并依赖这种隐喻，通常被认为是演化经济学的构成元素（Dosi and Nelson，1994；Nelson，1995；Zollo and Winter，2002）。熊彼特用来界定经济学学科界限的非一元论本体论立场实际上被保留下来（Nelson，2001）。图 1 右上角方框中的组合表明了新熊彼特主义的方法。

在 Nelson 和 Winter（1982）的研究中，基于达尔文主义隐喻的启发法是一种已经成为新熊彼特主义方法的核心概念的思想的灵感所在：在经济背景下作为一种选择单位的组织常规。Schumpeter（1942）并没有用任何关于组织如何创新的假说来支持他的创新竞争假说的一个关键假设，即大托拉斯公司组织已经接管了经济中的创新过程。组织常规概念填补了这个空白。它源于企业的行为理论（March and Simon，1958；Cyert and March，1963）——Nelson 和 Winter 的新熊彼特主义综合的另一个构成要素。基于有限理性假设，Nelson 和 Winter（1982）认为，在它们的内部相互作用中，企业组织要受到经验规则的使用与组织常规的发展的约束。生产、预测、定价、研发资金的分派等，都表现为受规则约束的行为和组织常规。

根据一种基于选择隐喻的启发法，纳尔逊和温特把组织常规解释为同选择单位一样在功能上足够缺乏活力。据此，企业的常规就被当做类似于生物学中的基因型，使常规得以应用的特定决策就被当做类似于生物表型。后者被设想为影响着企业的整体绩效。不同的常规和不同的决策导致了企业增长的差异。在成功带来增长的企业常规不会被改变这个假设下，企业增长的差异就可以理解为提高了成功的"基因-常规"的相对频率。相反，导致绩效恶化的常规就不可能增加，从而它们在行业中的相对频率下降。

毫无疑问，根据在企业和产业的组织基础上发挥作用的选择过程，人们对熊彼特关于创新、产业变化和增长的猜想进行的重新表述，产生了重要的洞见。纳尔逊和温特表明，企业对变化中的市场条件进行的竞争性调整适应，不一定被理解为是在给定的选项之间作出的一种慎重的、最优的选择。相反，这种调整适应或许是由在这个产业使用的各种常规中发挥作用的选择过程的强迫下进行的。同时，纳尔逊和温特也能够解释创新活动的效应，以及一个产业对变化中的市场条件作出反应而对旧有常规的脱离。新的行事方式导致了搜寻过程，这些过程本身受到更高层次的常规的引导。通过将其模型化为从生产率增量的一种分配中的随机提取，创新提高了产业的平均绩效，重新产生了企业行为的多样性。因此选择淘汰了一些企业，同时剩下的企业会发展得更好。从而，在创新竞争中，技术和产业结构是共同演化的，并且培育了一个非均衡的经济增长过程。

虽然面临选择的组织常规概念现在已经成为新熊彼特主义的演化经济学方法中的某种

[①] Alchian（1950），Penrose（1952），Friedman（1953）. 争论的核心是，在一个竞争市场上，如果一个企业并非利润最大化者，那么它是否能生存——这是一种把选择隐喻运用于修正利润最大化行为的尝试。然而经过严格检验，其结果是，足以确保在特定时间和特定市场上生存的利润水平，是随许多因素而变的，这些因素并非单一的利润最大化能够确定的。见 Winter（1964），Metcalfe（2002）。

标志，但纳尔逊和温特的综合所引起的或许是其他更重要的结果。它为利用知识创造方面的丰富洞见（这是熊彼特所忽略的）打下了基础，这在创新研究中已经得到利用（Dosi，1988）。实际上，创新研究与古典熊彼特主义的技术变革、产业动力学和经济增长论题的结合，曾经产生了大量的经验研究，但这些研究在很多情况下极少使用（如果不是从不使用的话）常规观念和达尔文主义的隐喻（Fagerberg，2003）。

从方法论上来说，Netlson 和 Winter（1982）非常依赖于对在企业常规群中发挥作用的选择过程的含义的一种基于模仿的分析——这是在新熊彼特主义阵营中有很多人使用的方法论（Andersen，1994；Malerba and Orsenigo，1995；Kwasnicki，1996）。Metcalfe（1994）提出了一种基于复制基因动态（replicator dynamics）的在分析上可以解决问题的替代方法。这种方法把选择隐喻的启发法提高到一个更加严格的类比解释的层次。与那种强调（典型）个体的行为及其动机的情境逻辑的经济学的模型化传统不同，复制基因动态——自然选择的一种抽象模型——主要关注的是变化中的群体构成元素，从而需要"群体意见"（population thinking）。这是 Metcalfe 非常强调的一点。①在这里，基于类比的启发法从而甚至允许经济学与种群遗传学的主要定理相类比（Metcalfe，2002）。②

在新熊彼特主义的方法中，一种非一元论的本体论立场与一种用达尔文主义的隐喻来阐述经济演化概念的启发法结合在一起。不过，这种启发策略也与建议把科学的自然主义观扩展到经济行为和经济中的一元论本体论立场相容。这种组合见图 1 左上角的方框。它与"普遍达尔文主义"的拥护者所倡导的方法相一致（Hodgson，2002；Hodgson and Knudsen，2006）。这种方法的特征是，它依赖于与 Cambell（1965）所说的变异、选择和保持这些达尔文主义原理的一种抽象类比，而不是隐喻般地运用这些原理。正如前一部分提到的那样，这些原理是通过对演化生物学中的现实过程的抽象简化而推导出来的，并且据称在所有现实领域都控制着演化过程。

关于经济中的演化过程，这些原理控制着所有现实领域的演化过程这种说法一直遭到怀疑（Nelson，2006）。一些批评家反对在经济学理论阐述中被普遍达尔文主义在专门领域进行的抽象所误导的这种必然的风险（Buenstorf，2006；Cordes，2006）。运用特定的启发策略的理由，与对这种策略的结果的预期有关。这里的问题就是：普遍达尔文主义的拥护者能否通过证明他们的策略在经济领域的成果来消除批评者们的忧虑。由于在经济学领域还没有基于普遍达尔文主义的足够具体的研究（Hodgson and Knudsen，2004），所以还不可能对正反两方面的观点进行评价。

---

① 这里硬币的背面是，运用于常规的选择和群体意见假设很难说明个体学习、问题解决和策略再定位——它们对于企业对变化中的市场条件的调整适应也许同样是重要的。焦点在于产业层面。产业平均绩效的改进完全是根据本身就在变化的组织常规的相对变化频率来解释的。

② 它们是费希尔原理（Fisher's principle）和基姆拉定理（Kimura's theorem）。前者说明，自然选择把一个种群的平均适应性提高到个体适应性最高的水平，平均种群适应性变化的速度与个体适应性的差异是成比例的。在经济学类比中，适应性是由竞争企业之间的利润差异来表示的。在种群遗传学中，突变和交叉（cross-over）再度不断增加了多样性。Metcalfe（1998）认为，这在经济学中的类比就是熊彼特的创造性（创新性）毁灭观念。通过产品、技术、组织常规等的改进，利润差异重新形成。多样性的减少和多样性的增加的过程共同形成了"资本主义增长的引擎"。

最后，图 1 左下角的方框表明了一种一元论本体论立场和一种聚焦于新奇事物这一演化的一般性概念的涌现和扩散的启发策略的组合。[①] 这种以对演化经济学的自然主义解释为特征的组合，一直为很多作者所倡导。由于这些作者来自截然不同的思想流派，所以他们常常不被承认是遵循了一种共同的方法，他们的方法通常也不被视为对新熊彼特主义者的立场的一种有力的替代。有一些很好的理由可以把凡勃伦与这种立场联系起来（Cordes，2007）。Veblen（1898）把真正的演化经济学观念引入了这个学科时的论据清楚地表明，在他心里的是一种基于达尔文主义世界观的自然主义本体论。他的启发策略并不那么清晰。他没有为演化提供任何一般化的特征。但他反复强调人类的创造性和模仿是制度和技术发展的重要推动力，正如图 1 左下角方框中的启发策略所表示的那样。

非常明确地坚持这种立场并对演化经济学作出突出贡献的是乔治斯库·罗金 1971 的研究。与他的本体论和启发法立场相一致，他的著作中反复出现的重要主题是新奇事物在推动演化中的作用，以及熵在制约演化中的作用。他对这两个问题都进行了广泛的方法论上的和概念上的讨论，并最终应用于改写经济生产理论。在对生产的条件和演化的反映中，他强烈地表达了这里称之为连续性假说的主旨。在他对与现代工业经济相对的小农经济的技术和制度的考察中，这一点可能更明显（Georgescu-Roegen，1976）。他所关注的事实是，自然资源代表着有限的储备，人类的生产活动使其衰变，这个事实引导着他去批评经典生产理论的抽象逻辑和主观价值，这些理论会淡化这种关注。

类似的批评也激发了按照乔治斯库·罗金的演化经济学自然主义解释传统进行的研究。这些研究与浮现中的生态经济学运动相衔接，如 Gowdy（1994）、Faber 和 Proops（1998）的研究。Gowdy、Faber 和 Proops 强调新奇事物涌现的作用，他们以一种自然主义视角聚焦于生产过程，它们的时间结构，以及它们对自然资源和环境的影响。Gowdy、Faber 和 Proops 将实证的演化理论阐述与规范的环境思考相结合，还把对生态经济学核心问题的关注扩展到政策含义上，从而明确地把演化研究纲领与生态经济学联系起来。

明确坚持自然主义立场的另一个突出贡献（尽管动机和背景完全不同）是哈耶克对社会演化的研究（Hayek，1971，1979，1988）。哈耶克区分了人类社会演化的三个不同层次。第一个层次是人类发展史上的生物进化。在这个层次上，社会行为、价值观和态度的原始形式逐渐在遗传上被固定为选择过程的结果。这些意味着社会相互关系的一种秩序，社会生物学为其提供了解释模型。（一旦在遗传上固定下来，这些态度和价值观就延续至今，成为了现代人类遗传禀赋的一部分，即便现在的生物选择压力已经大大减轻。）在演化的第二层次，即人类理性，演化受到那些产生了新知识及其传播的意念、理解力和人类创造力的推动。但哈耶克理论的关键点在于演化的这两个层次之间，即"本能和理性之间"（Hayek，1971），有一个演化的第三层次。在这个层次，行为规则

---

① 不像普遍达尔文主义，这种立场并未宣称对自然中的演化和经济中的演化的解释，都可以同样地还原到达尔文主义的变异、选择和保持原理中。相反，后者被视为特殊的、从而往往是无关的一般性地推动演化的因素的具体化。结果，对这种立场来说，达尔文主义理论所发挥的作用是由本体论的连续性假设来限定的。见前面的脚注 1。

在文化而不是遗传的传播中得到学习和传承。这个过程往往是不自觉地被认知。据此，那些形成了人类相互关系、创造了文明的有序形式的行为规则的产生和变化，就不是有意的计划或者受控制的。

尽管在第二部分讨论了这些对应于本体论连续性假说的推测，但哈耶克更进了一步，增加了一个群体选择（group selection）假说。他声称，什么样的规则得到传播和保持，取决于它们是否，以及在何种程度上有助于群体在经济繁荣和人口增长方面的成功。人口增长可以由成功的生育而实现，也可以通过吸引和整合群体外的人口而实现。不断增加的人口促进了专业化和劳动分工，而且这样的情况越多，协调个体活动、防止进入社会困境的群体行为规则就越可靠。根据同样的逻辑，不采用适当规则的群体就有可能衰退。哈耶克从而解释了作为一种作用于由共同行为规则所界定的人类亚群体的有区别的成长过程的文化演化。这个过程的判断标准是群体的规则所导致的繁殖上的成功不一定是遗传的。哈耶克从这个假说引出了关于"市场扩展秩序"的政治经济学的深远结论，他将此视为人类文化的主要成就（Hayek，1988）。

值得注意的是，哈耶克的群体选择假说并不一定包括作用于基因层面的自然选择。它从而不同于人类学中的"双重遗传假说"（dual inheritance hypothesis）（Henrich，2004；Richerson and Boyd，2005）。这个人类学假说认为，基于基因的自然选择过程和文化学习，在选择压力很大的人类早期发展阶段共同发展了对繁殖成功的一种影响。在这种双重遗传模型中，文化学习这个元素解释了为什么在自然选择唯一受到亲缘选择约束的地方，群体选择也是可能的。

不像哈耶克的（默示的）文化学习理论和双重遗传假说，North（2005）最近提出的经济变迁理论强调了人类认知的作用。文化、制度和技术这些范畴，主要是通过影响交易成本这一衡量社会效率的标准来对经济演化发生作用。但在诺斯看来，真正的推动力是人类的意向、信念、洞察力（即认知学习）和知识。这些使得经济变迁在很大程度上成为一个有意的过程。据此，诺斯把注意力转向了学到的是什么，以及它如何在社会成员之间得到分享。他对人类的学习和知识创造，即新奇事物的涌现，和基于经验的知识的代际分享，即新奇事物的传播的强调，表明了一种类似于以演化的一般概念为基础的启发法。此外，不同于他早期对新制度经济学的贡献（Vromen，1995），North（2005）明确地采取了一种自然主义的本体论立场。更像哈耶克那样，他渴望界定他的经济演化解释框架与达尔文主义的世界观之间的关系。他这样做的时候采取的方式，是符合于本体论连续性假设的。因此，可以把 North（2005）的这一观点视为对演化经济学的自然主义解释最近作出的一个重要贡献。

这里的讨论表明，图 1 中的本体论立场和启发策略的四种组合，对应着关于演化经济学具体是什么这个问题的四种不同解释。在这些解释中，新熊彼特主义的解释和自然主义的解释现今得到最为活跃的阐述，而且前者的解释比后者更清晰。这两个思想流派的差别主要在于它们关注的研究主题。简言之，新熊彼特主义的论题是创新、技术、研发、组织常规、产业动态、竞争、增长以及创新和技术的制度基础。自然主义方法的论题是长期发展、文化演化和制度演化、生产、消费以及经济增长和可持续性。

这种观点的差异不是偶然的。自然主义的解释提供了大量新见解，尤其是在经济演化过程的比较分析和长期分析上。尽管它对如短期产业动态和竞争的理论阐述没有太大的差异，但是并不意味着自然主义的方法就不能富有成效地扩展到新熊彼特主义的议题。例如，生产和消费是与新熊彼特主义的议题相关的重要领域，但在一定程度上被新熊彼特主义所忽视。因此，把讨论这些主题的自然主义方法结合进来，可以预期将会大大增加对产业、经济和国际贸易模式的结构转变的理解。

四、演化博弈论中的本体论和启发法

在讨论他的社会演化理论的作品中，哈耶克引证的很多内容表明，他在很大程度上利用了早期的社会生物学争论。其中，博弈论观点的引入起到了一种根本性的作用（Caplan，1978）。在定性分析的基础上，哈耶克的社会如何演化的理论预示了后来在经济学的演化博弈论这个发展中的领域里，以更严格的形式表述出来的那些结果的出现。事实上，他关于"本能与理性之间"这个层次上的文化学习假说以及行为规则在协调和防止社会困境方面发挥的关键作用的观点，可以用博弈论术语的阐述来再现（Witt，2008）。在某种程度上，哈耶克的贡献可以被看做是自然主义方法对演化博弈论可能具有的含义的一个早期概要。关于本体论立场和启发式策略以及经济学中的演化博弈论的不同解释之间的分歧，的确与前一节对演化经济学的分析是类似的。此外，就像演化经济学的情况那样，作者们往往没有意识到他们隐含地作出的假设。

与理性博弈论相比，演化博弈论的显著特征在于对如何确定策略的特殊假设，以及作为其结果的特殊的解决方案概念。[①] 这些假设是根据演化生物学，尤其是社会生物学的解释需要而得出的，并且作出这些假设是为了满足这种需要（Trivers，1971；Wilson，1975；Maynard Smith，1982）。随着博弈论作为经济学中的一个主要研究领域而兴起，一些作者的兴趣也被演化博弈论所吸引。这种兴趣有时可能更多地要归于演化博弈论在形式上的特性，而不是寻求应用于经济问题的意图（Weibull，1995）。由于建立在演化博弈论上的特殊假设，这样的应用确实不容易被找到（Friedman，1998）。当如利他行为这样的遗传决定的社会行为如何能够在自然选择下出现这种争论发生的时候，这些假设就具有了社会生物学的意义。但并不明显的是，哪种经济行为被认为可以满足演化博弈论的这些假设。

演化博弈论在经济学领域的应用基本上遵循两种解释。第一种解释从演化生物学中借用了相互影响的选择机制模型以及相应的算法，以为经济背景下的人类相互影响的学习过程建立模型，如强化学习和刺激-反应学习（Brenner，1999）。这并不意味着主张把生物学的机制直接应用于经济行为——这是一种没有意义的思想，因为人类的学习是一个非遗传的适应过程。这种解释或多或少是基于这样一种启发策略，即假设在遗传适应机制与非认知学习中的非遗传适应之间有一种类比。这种类比在形式上的基础是复

---

① 一个局中人并不是在策略中进行选择，而是表现出一个固定的策略，这个策略来自局中人之间有潜在相互影响的一个群体所展示的一系列策略。局中人（或者策略）随机地与单个相互作用相配。他们的收益是根据适合值来确定的。局中人的收益的差异导致群体中的代表性策略的相对频率发生相应的边际变化（Friedman，1998）。

制因子动力学。它覆盖了调整适应过程的相当广泛的类别（Hofbauer and Sigmund，1988；Joosten，2006）。从本体论方面来说，那就是在关于现实结构的基本假设方面，这种类比结构典型地忽略了这个问题：按照那样建立模型的经济过程，是否以及如何与人类行为的自然主义基础相联系。因此，这种组合类似于图 1 右上角方框中的组合。

相比之下，对演化博弈论的第二种解释来说，演化博弈论最初从中发展起来的生物环境，是与这种解释所要处理的政治经济上的应用直接相关的。这种解释声称，诸如利他主义、道德行为、公正这样的人类经济行为，以及其他行为规则的基本特征，都具有一种遗传背景，并且从而可以最合适地被解释为自然选择的结果（Güth and Yaari，1992；Binmore，1998；Gintis，2007）。与连续性假说类似，人类行为的这种特征的存在可以追溯到人类早期发展史上据推测它们出现的时代，这时候自然选择对人类的压力仍然很大，足以根据可以推测已经提高了的遗传适应性来塑造行为。不像前一种解释，这种观点显然假定了一种一元论的自然主义本体论。其启发策略并没有得到明确论述，但有些类似于哈耶克的社会演化理论。在 Binmore（1998）那里，这种博弈论观点被用于确立那些最初在人类发展史上出现的行为规则的特定内容，比如就公平和观念而言的内容。由于它的遗传背景，这种内容仍然是有效的，并且被认为必然包括人类社会的两种基本协调机制：领导权和公平（Binmore，2001）。

从这两种解释马上想到的是，演化博弈论与演化经济学对于"演化"特定含义的理解是如此的相似。它们有着相似的本体论立场和启发策略，甚至在这些方面产生了类似的流派分歧。但这两个领域的研究者却很少彼此关注。这两个领域几乎没有任何交叉引用文献，甚至在来自两个阵营的学者参加同一个研讨会或者学术会议的时候也是如此。① 在鲜有的对这种相互缺乏交流进行解释的尝试中，Nelson（2001）认为演化博弈论在两方面区别于演化经济学。第一，演化博弈论更倾向于均衡导向。即便是在探讨调整动态的时候，它也主要是用来理解由此产生的均衡形态的。第二，演化博弈论较少是经验导向的，对于分析演化过程的历史记录几乎没有贡献。由于这些原因，Nelson 认为，这两个研究群体并不是大家所想象的那样有共同之处。类似地，Dosi 和 Winter（2002）也认为演化博弈论主要是理论驱动的，而演化经济学更多的是经验驱动的，这使得二者几乎没有交流的共同基础。

但是，根据目前的讨论，可以在演化博弈论和演化经济学的自然主义方法和非自然主义方法之间作出区分。非自然主义方法与依靠从演化生物学中借用概念的自然选择类比解释没有更多的共同点——在一种情况下有策略上的相互影响，在另一种情况下则没有。在这种情况下，二者似乎很难有相互促进的机会。比较而言，自然主义方法通过借用遗传和行为倾向，在解释人类经济行为方面与自然选择类比是有共同点的。这带来了更多本质上的共同性（正如从哈耶克的社会演化理论到 Binmore 的社会契约理论这一思想主线可能表明的那样）。两个领域之所以缺乏交流，或许是因为少数研究者一度在

---

① 比如见 Nicita 和 Pagano（2001）的论文，或者是《经济学展望杂志》（*Journal of Economic Perspectives*）关于演化经济学的专题讨论（Samuelson，2002；Nelson and Winter，2002）。

各自的领域遵循自然主义的方法。

五、演化议题最近的趋势——一个同行调查

前面已经指出，熊彼特最初的解释在今天已经没有许多追随者，而普遍达尔文主义则刚刚开始在经济学中取得实质性的进展。因此，图 1 中的演化经济学的四种不同解释中，只有新熊彼特主义和自然主义两种在目前产生了重要的研究成果。二者在它们研究的主题上有很大的不同。如果仅仅是研究兴趣上的分歧的话，那么二者可以被看做是互补的。但是，它们在对现实作出的基本假设上、在探讨经济演化过程的方式上以及在对这个过程的理论阐述上都存在差异。这是不容易调和的。在这一部分，我们打算对与这两种主要解释有关的演化经济学所取得的成就和未来研究的前景进行评估。

为了在更加广泛的基础上作出这种评估，本部分采用了 2004 年进行的一项调查的结果。在一份问卷中，我们通过电子邮件向全世界 149 位学者询问他们的观点。这些学者的选择标准是看他们是否在自己的研究方向发表过至少一份成果，而且明确地使用了演化经济学这个词。① 问卷包含许多问题。

表 1　描述"迄今为止最重要的见解"的关键词列表

关键词	所有答卷人提及的百分比/%	排　序		对于各研究议题的意义
		按教授排序	按年轻学者排序	
创新和技术变革	26	第一	第三	新熊彼特主义
制度和规范的演化	26	第一	第三	两种方法
学习行为	21	第三	第二	两种方法
知识的创造和使用	19	第五	第一	两种方法
变异和选择机制	17	第二	第五	新熊彼特主义
多样性和群体意见	17	第三	第六	新熊彼特主义
产业演化与生命周期	17	第四	第一	新熊彼特主义
路径依赖	17	第三	第四	两种方法
非均衡市场动态学	15	第四	第四	不清楚
新奇事物和发明	13	第七	第二	两种方法
有限理性	11	第五	第五	两种方法
制度/技术共演化	11	第六	第四	新熊彼特主义
演化的一般特征	9	第六	第五	两种方法
常规	9	第六	第五	新熊彼特主义
自发秩序	9	第七	第四	自然主义
演化博弈论	9	第七	第四	不清楚

第一个问题旨在让答卷人对演化经济学过去的研究取得的成果进行评价。问题如下：

---

① 虽然这是一个客观的选择标准，但也不能断言对这些学者的选择完全不带主观偏见，也不能断言它是一个包括了所有满足标准的作者的代表性样本。此外，由于电子邮件的回复模式不是匿名的，这对那些愿意回复以及以其他方式回复的学者可能会产生影响。因此，调查的结果并不能排除选择上的偏向。

"请概述演化经济学的成就,你认为迄今为止得到的最重要的见解是什么?(请给出 4～5 个关键词或者贡献者的名字)。"为了从答案中获取调查数据,回收的问卷中所提到的关键词被分为具有代表性的同义词组和近义词组,并且记录落入关键词组的次数。可能的话,关键词的分类要与图 1 中的演化经济学的一种解释相一致。这个一致是通过作者最熟悉的知识来判断的。鉴于熊彼特的地位的结果以及普遍达尔文主义目前处于其初级阶段,新熊彼特主义的解释和自然主义方法最适合于这里的目的相适应的研究纲领。

在发出的 149 份问卷中,回收了 53 份(36%)。[①] 由于问卷中给出的一些关键词与其他关键词没有任何联系或者联系很小,所以最后分出了相对较多的 48 组关键词。限于篇幅,表 1 中只列出了至少五名答卷人提到过的 16 组关键词,即至少大约十分之一的答卷人提到的关键词,以及在 53 名答卷人提到过的(近似)同义词中所占的比例。表中还按答卷人的学术地位排列了不同关键词被提到的次数。另外,在表 1 的最后一列,列出了这些关键词与演化经济学的其中一种解释之间的联系。

在描述演化经济学取得的成就的特征方面,样本中被提到最多的两组关键词是:"创新和内生技术变革"和"制度和规范的演化"。由于只有四分之一的答卷人提到这两组关键词,而提到其他组的人更少,所以关于什么是演化经济学最重要的见解,大家观点的一致性并不高。另外,教授和年轻学者对演化经济学的成就或者见解的评价有显著的差异。表 1 中两类排序的斯皮尔曼相关系数非常小($r_s=0.051$),表明他们之间几乎没有相关性。考虑到"创新和内生技术变革"对于占支配地位的新熊彼特主义议题似乎是非常重要的,26% 的比例让人吃惊。不过鉴于 16 组关键词中有 6 组与新熊彼特主义的研究议题有联系,这个议题还是有代表性的。相反,如果表 1 中的关键词与备选的研究纲领的一致性得到接受的话,也说明新熊彼特主义学派显然被答卷人视为是最重要和最成功的。表中显示,7 组关键词被认为与两种研究纲领都有联系,两组关键词似乎不清楚,只有"自发秩序"这一个关键词多少有些正确地被认为与自然主义纲领相联系。[②]

这份问卷提出的第二个问题关注的是对于演化经济学未来的研究来说有前途的主题方面的意见。问题如下:"你认为 1990 年以来演化经济学中最有前途的新发展是什么?(请给出 4～5 个关键词或者贡献者的名字)。"同样的,接下来的程序是从近义词和同义词中归类关键词,衡量它们同这两个学派之间的联系有多大。对于这个问题,最终一共产生了 44 组关键词,其中 13 组关键词有至少 5 个人提到。表 2 列出了提到这些关键词的答卷人所占的比例,也按答卷人的学术地位对被提及的次数进行排序,也列出了它们与不同的演化经济学流派之间的联系。

---

① 从地区来看,43 份来自欧洲,10 份来自欧洲以外的地区。从专业学术地位来看,37 名答卷人是教授,16 名处于职业生涯的早期阶段(博士后、讲师、研究员等——由于他们的平均年龄较小,故下面称其为"年轻学者")。

② "制度与规范的演化"这组关键词表明了这个识别任务的难度。它可以同凡勃伦的制度主义议题相一致,与哈耶克和诺斯的议题相一致,也可以同演化博弈论的议题相一致(演化博弈论本身在被提及的成就中所占的比重较小(9%))——与大多数自然主义的解释相一致。但是,这组关键词也可以说对于国家创新体系(一个新熊彼特主义的主题)的制度基础具有重要意义。

表 2　描述"最有前途的新发展"的关键词列表

关键词	所有答卷人提及的百分比/%	排序		对于各研究议题的意义
		按教授排序	按年轻学者排序	
制度方面的整合	23	第一	第三	新熊彼特主义
基于主体的和计算的方法（agent-based and computational methods）	21	第二	第二	不确定
认知方面	21	第三	第一	两种方法
产业演化和生命周期	19	第四	第一	新熊彼特主义
偏好演化	17	第三	第二	自然主义
知识的创造和使用	13	第四	第三	两种方法
演化博弈论	13	第五	第二	不确定
企业演化理论	11	第四	第四	新熊彼特主义
网络模型	9	第六	第三	不确定
复杂经济动态学	9	第五	第四	不确定
普遍达尔文主义	9	第五	第四	普遍达尔文主义
政策制定的演化理论	9	第六	第三	不确定
演化心理学	9	第四	第五	自然主义

在描述最有前途的新发展方面，"制度方面的整合"这组关键词在样本中被提到的次数最多。这是目前在已经强烈地具有技术导向特征的新熊彼特主义阵营中唱主角的一个概念问题（Nelson and Sampat，2001）。词频排在第二位的是"基于主体的建模工具和计算方法"和（经济学的演化方法的）"认知方面"。前者是一个方法论和技术的问题，并不专属于哪个学派；后者再度是一个与两个学派都相关的概念问题。"产业演化和生命周期"这组关键词是接下来词频相对较高的关键词，在表 1 中已经作为主要见解列出，并因此标为斜体字。"知识的创造和使用"和"演化博弈论"也是如此。斜体字的关键词似乎被认为是持续的、高潜力的主题，而其他 10 组关键词则会随着从过去到将来的演变而发生研究兴趣和重点的转移。

从与两个学派的一致性来看，新熊彼特主义论题的相关性比前面有所下降，而自然主义的主题并没有得到更多的支持。似乎得到支持的是在正式模型和相应的工具上的兴趣，即"基于主体的建模工具和计算方法"、"网络模型"和"复杂经济动态学"。教授同年轻学者在他们所考虑的演化经济学有前途的新发展方面的差异仍然是明显的，尽管比表 1 中的差异小一些。在表 2 中，斯皮尔曼系数是 0.345，显著性水平是 0.248。

同行调查的结果表明，对于演化经济学的两种主要解释，与自然主义解释相比，新熊彼特主义方法被认为是更加重要的，其成就也得到更为广泛的赏识。这不足为奇，因为在今天，演化经济学的多数研究活动都聚焦于创新、技术、研发、组织常规、产业动态、竞争、增长以及创新和技术的制度基础。这些主题反映了 Nelson 和 Winter（1982）以及他们的新熊彼特主义综合在这一领域已经产生的并还将产生的巨大影响，以及对许多为演化经济学作出贡献的学者的自我感受产生的强烈影响。如果用调查结果来判断，对自然主义解释的贡献——从凡勃伦（"演化经济学"一词的发明者）到乔治斯库·罗金、哈耶克、诺斯和其他人——在今天的演化经济学中似乎并未产生太多的共鸣。

在未来研究有前途的展望方面，情况就不是一边倒了。不过这在一定程度上是由于形式化方法的较大影响。这些方法尤其吸引了调查中的年轻学者的兴趣，而他们与两个学派都没有特定的联系。到目前为止，演化经济学的这两种主要解释还没有出现趋同的迹象。自然主义解释的潜力仍然没有真正地被演化经济学家所认识。它独特的主题——长期发展、文化和制度演化、生产、消费以及经济增长和可持续性——应该得到更多的关注。它们有助于避免今天演化经济学给人们留下的印象，即它基本上是经典产业经济学的竞争者。通过将更广泛的主题囊括进来，包括自古典经济学以来的传统论题，自然主义议题拓展了演化经济学的范围。另外，因为自然主义具有达尔文主义世界观的基础，它也可以挑战经典经济学，以及这种经济学的牛顿式思想和极端主观主义的混合。

六、结　　论

在判定演化经济学具体是什么的时候，这个领域的研究者很少能达成一致。正如本文表明的那样，演化经济学的一些解释认为，达尔文主义的进化论与理解经济行为和经济制度与技术的转变是相关的。其他解释则不接受这种思想，甚至是明确地反对。这本质上是在关于现实世界的基本（本体论的）假设上的争论。它与自然和经济的演化变迁是否表现为有关联的现实领域这个问题有关，从而使得它们有可能相互影响。

在另一种意义上，达尔文主义的理论也与第二种争论有关。这个争论以如下问题为中心：从演化生物学中借用的分析工具是否有利于经济学中的演化理论阐述，如选择过程模型和种群动态模型。我们已经解释过，有些作者把这种基于类比或隐喻的模型应用于经济过程中，把它看做是经济学的演化方法的特殊特征。其他作者则有不同的看法。在不同的学科领域之间建立类比关系以及运用源于不同学科领域的隐喻，都是一种启发工具，也是一种表达问题的方式、一种得到假说的方式。与前面的争论不同，关于是否从演化生物学借用分析工具的问题涉及的是启发式层面。这个问题的判定方式与所持的本体论立场无关，但对于演化经济学中的理论阐述的形式却是决定性的。

最后，还有一种与方法论层面有关的争论，特别是与如下问题有关，即经济演化是一个产生了历史上独特的条件和事件的历史进程：那么演化经济学中应该如何解释这一事实？这个争论曾经被认为是与其他两个争论无关的。正如我们在本文中讨论过的那样，有些作者试图通过定性推理来解释这个问题。其他作者则通过发展一种"历史友好"的建模策略来作出回应。但也可以认为，尽管在任何给定的时间，演化的结果可能是历史唯一的，但它们得以产生的过程却不一定是历史唯一的。（实际上，如果不是这样，那么断言演化起作用的方式可以通过更为一般化的假设来解释就是毫无意义的了。）从而可以得出结论，由于选择的多样性以及关于选择其中哪一个的决策通常是实用主义的，所以以方法论层面并不是在演化经济学具体是什么这个问题上产生差异的原因。

主要的差异实际上源于本体论立场和启发策略的分歧。对于演化博弈论也是如此，它所面临的也是来自本体论和启发式的争论。我们把每个层面上的两种立场并置，得到了一个便于分析的 2×2 矩阵。文中，这个矩阵是文献中可以找到的演化经济学的不同解释的一个指南。我们并没有同样地关注矩阵的四个方框对应的所有解释。近年来，启发式层面上的达尔文主义概念，与本体论层面上忽略或者拒绝自然主义一元论的这种组合最为常见。这种组合的就是新熊彼特主义方法的特征。但如前述，也并非总是如此。熊彼特自己的方法与新熊彼特主义的方法是不同的。还有一种演化经济学的自然主义解释，为凡勃伦、乔治斯库·罗金、哈耶克、诺斯这些不同的学者所倡导。最新的发展——普遍达尔文主义——已经被推荐为一种赞成另外的本体论立场和启发策略组合的演化经济学方法。

这些不同方法的科学价值要根据它们为经济转变过程提出的见解来衡量。为了评价这些不同解释的成效，我们用一次同行调查来鉴别演化经济学在过去的研究中取得的成就以及未来研究的前景。在问卷调查中表现出来的对过去成就的全面排序中，新熊彼特主义的立场最为突出。在对未来有前途的研究的评价中，情况有些不同。但是几乎没有证据表明自然主义方法被演化经济学所接纳，或者对这种方法的兴趣真正有复苏。为了扩展演化经济学的论题，使其超越基本上是经典产业经济学理论和技术变革理论的竞争者这样的新熊彼特主义论题，这种复苏是似乎是令人向往的。这种复苏不仅让长期发展、文化和制度演化、生产、消费、经济增长和可持续性这些主题回归到演化议题，建立在以达尔文主义（自然主义）世界观为基础的演化经济学，也将在实质上挑战具有牛顿式思想和极端主观主义的混合这种特征的经典经济学。

<h1 style="text-align:center">致　谢</h1>

我要感谢 Guido Buenstorf、John Gowdy、Hardy Hanappi、Christian Schubert 以及本刊的两位匿名审稿人对本文初稿提出的有益建议。

<h2 style="text-align:center">参 考 文 献</h2>

Alchian A A. 1950. Uncertainty, evolution, and economic theory. J Polit Econ, 58：211-221

Andersen E S. 1994. Evolutionary Economics-Post-Schumpeterian Contributions. London：Pinter

Andersen E S. 2004. Population thinking, Price's equation and the analysis of economic evolution. Evol Inst Econ Rev, 1：127-148

Arthur W B. 1994. Increasing Returns and Path Dependence in the Economy. Ann Arbor：University of Michigan Press

Baldwin W L, Scott J T. 1987. Market structure and technological change. Chur：Harwood Academic Publishers

Binmore K. 1998. Just Playing-game Theory and the Social Contract II. Cambridge, MA：MIT Press

Binmore K. 2001. Natural justice and political stability. Journal of Institutional and Theoretical Economics, 157：133-151

Brenner T. 1999. Modelling Learning in Economics. Cheltenham：Edward Elgar

Buenstorf G. 2006. How useful is generalized Darwinism as a framework to study competition and industrial evolution? J Evol Econ, 16：511-527

Campbell D T. 1965. Variation and selective retention in socio-cultural evolution. // Barringer H R, Blankstein G I, Mack R W. Social Change in Developing Areas: A Re-interpretation of Evolutionary Theory. Cambridge, MA: Schenkman. 19-49

Cantner U, Hanusch H. 2002. Evolutionary economics, its basic concepts and methods. // Lim H, Park U K, Harcourt G C. Editing Economics. London: Routledge. 182-207

Caplan A L. 1978. The Sociobiology Debate. New York: Harper

Cordes C. 2006. Darwinism in economics: from analogy to continuity. J Evol Econ, 16: 529-541

Cordes C. 2007. Turning economics into an evolutionary science: Veblen, the selection metaphor, and analogical thinking. J Econ Issues, 41: 135-154

Cowan R, Foray D. 2002. Evolutionary economics and the counterfactual threat: on the nature and role of counterfactual history as an empirical tool in economics. J Evol Econ, 12: 539-562

Cyert R M, March J G. 1963. A Behavioral Theory of the Firm. NJ: Prentice Hall, Englewood Cliffs

Dawkins R. 1983. Universal Darwinism. // Bendall D S. Evolution from Molecules to Man. Cambridge: Cambridge University Press. 403-425

David P A. 1993. Path-dependence and predictability in dynamical systems with local network externalities: a paradigm for historical economics. // Foray D G, Freeman C. Technology and the Wealth of Nations. London: Pinter. 208-231

Dopfer K. 2005. Evolutionary economics: a theoretical framework. // Dopfer K. The Evolutionary Foundations of Economics. Cambridge: Cambridge University Press. 3-55

Dopfer K, Potts J. 2004. Evolutionary realism: a new ontology for economics. J Econ Methodol, 11: 195-212

Dosi G. 1988. Sources, procedures, and microeconomic effects of innovation. J Econ Lit, 26: 1120-1171

Dosi G, Nelson R R. 1994. An introduction to evolutionary theories in economics. J Evol Econ, 4: 153-172

Dosi G, Winter S G. 2002. Interpreting economic change: evolution, structures and games // Augier M, March J G. The Economics of Choice, Change and Organization. Cheltenham: Edward Elgar. 337-353

Faber M, Proops J L R. 1998. Evolution, Time, Production and the Environment. Berlin: Springer

Fagerberg J. 2003. Schumpeter and the revival of evolutionary economics. J Evol Econ, 13: 125-159

Foster J. 1997. The analytical foundations of evolutionary economics: from biological analogy to economic self-organization. Struct Chang Econ Dyn, 8: 427-451

Friedman D. 1998. On economic applications of evolutionary game theory. J Evol Econ, 8: 15-43

Friedman M. 1953. The methodology of positive economics. // Friedman M. Essays in Positive Economics. Chicago: University of Chicago Press. 3-43

Georgescu-Roegen N. 1971. The Entropy Law and the Economic Process. Cambridge, MA: Harvard Univ. Press

Georgescu-Roegen N. 1976. Energy and Economic Myths-institutional and Analytical economic essays. New York: Pergamon

Gintis H. 2007. A framework for the unification of the behavioral sciences. Behav Brain Sci, 30: 1-61

Gowdy J. 1994. Coevolutionary Economics: the Economy, Society and the Environment. Boston:

Kluwer

Güth W, Yaari M. 1992. Explaining reciprocal behavior in simple strategic games: an evolutionary approach. // Witt U. Explaining Process and Change-approaches to Evolutionary Economics. Ann Arbor: University of Michigan Press. 23-34

Hallpike C R. 1985. Social and biological evolution I. Darwinism and social evolution. J Soc Biol Syst, 8: 129-146

Hallpike C R. 1986. Social and biological evolution II. Some basic principles of social evolution. J Soc Biol Syst, 9: 5-31

Hashimoto T. 2006. Evolutionary linguistics and evolutionary economics. Evol Inst Econ Rev, 3: 27-46

Hayek F A. 1971. Nature vs. nurture once again. Encounter, 36: 81-83

Hayek F A. 1979. Law, Legislation and Liberty. The Political Order of a Free People, vol 3. London: Routledge

Hayek F A. 1988. The Fatal Conceit. London: Routledge

Henrich J. 2004. Cultural group selection, coevolutionary processes and large-scale cooperation. J Econ Behav Organ, 53: 3-35

Herrmann-Pillath C. 2001. On the ontological foundations of evolutionary economics. // Dopfer K. Evolutionary Economics-Program and Scope. Boston: Kluwer, 89-139

Hodgson G M. 2001. How Economics Forgot History: the Problem of Historical Specificity in Social Science. London: Routledge

Hodgson G M. 2002. Darwinism in economics: from analogy to ontology. J Evol Econ, 12: 259-281

Hodgson G M, Knudsen T. 2004. The firmas an interactor: firms as vehicles for habits and routines. J Evol Econ, 14: 281-307

Hodgson G M, Knudsen T. 2006. Why we need a generalized Darwinism, and why generalized Darwinism is not enough. J Econ Behav Organ, 61: 1-19

Hofbauer J, Sigmund K. 1988. The theory of evolution and dynamical systems. Cambridge: Cambridge Univ. Press

Hull D L. 2001. Science and selection: essays on biological evolution and the philosophy of science. Cambridge: Cambridge University Press

Joosten R. 2006. Walras and Darwin: an odd couple? J Evol Econ, 16: 561-573

Klepper S. 1997. Industry life cycles. Ind Corp Change, 6: 145-181

Knudsen T. 2002. Economic selection theory. J Evol Econ, 12: 443-470

Kwasnicki W. 1996. Knowledge, Innovation and Economy—An Evolutionary Exploration. Aldershot: Edward Elgar

Laurent J, Nightingale J. 2001. Darwinism and Evolutionary Economics. Cheltenham: Edward Elgar

Malerba F, Orsenigo L. 1995. Schumpeterian patterns of innovation. Camb J Econ, 19: 47-65

Malerba F, Nelson R R, Orsenigo L, Winter S G. 1999. 'History-friendly' models of industry evolution: the computer industry. Ind Corp Change, 8: 3-41

March J G, Simon H A. 1958. Organizations. New York: Wiley

Maynard Smith J. 1982. Evolution and the Theory of Games. Cambridge: Cambridge Univ. Press

Mayr E. 1991. One long argument. Cambridge, Mass: Harvard Univ. Press

Metcalfe J S. 1988. The diffusion of innovations: an interpretative survey. // Dosi G, Freeman C, Nelson R R, et al. Technical Change and Economic Theory. London: Pinter Publishers, 560-589

Metcalfe J S. 1994. Competition, Fisher's principle and increasing returns in the selection process. J Evol Econ, 4: 327-346

Metcalfe J S. 1998. Evolutionary Economics and Creative Destruction. London: Routledge

Metcalfe S. 2002. On the optimality of the competitive process: Kimura's theorem and market dynamics. J Bioecon, 4: 109-133

Mirowski P. 1989. More heat than light—economics as social physics, physics as nature's economics. Cambridge: Cambridge University Press

Mokyr J. 1998. Induced technical innovations and medical history: an evolutionary approach. J Evol Econ, 8: 119-137

Mokyr J. 2000. Evolutionary phenomena in technological change. // Ziman J. Technological innovation as an Evolutionary Process. Cambridge: Cambridge Univ. Press. 52-65

Moore J R. 1979. The Post-Darwinian Controversies. Cambridge: Cambridge Univ. Press

Nelson R R. 1995. Recent evolutionary theorizing about economic change. J Econ Lit, 33: 48-90

Nelson R R. 2001. Evolutionary theories of economic change. // Nicita A, Pagano U. The Evolution of Economic Diversity. London: Routledge. 199-215

Nelson R R. 2006. Evolutionary social science and universal Darwinism. J Evol Econ, 16: 491-510

Nelson R R, Sampat B. 2001. Making sense of institutions as a factor shaping economic performance. J Econ Behav Organ, 44: 31-54

Nelson R R, Winter S G. 1982. An evolutionary theory of economic change. Cambridge, MA: Harvard Univ. Press

Nelson R R, Winter S G. 2002. Evolutionary theorizing in economics. J Econ Perspect, 16: 23-46

Nicita A, Pagano U. 2001. The evolution of economic diversity. London: Routledge

North D C. 2005. Understanding the process of economic change. Princeton: Princeton Univ. Press

Penrose E T. 1952. Biological analogies in the theory of the firm. Am Econ Rev, 42: 804-819

Richerson P, Boyd R. 2005. Not by genes alone: how culture transformed human evolution. The Chicago: University of Chicago Press

Samuelson L. 2002. Evolution and game theory. J Econ Perspect, 16: 47-66

Schumpeter J A. 1912. Theorie der wirtschaftlichen Entwicklung, 1st edn. Duncker & Humblot, Leipzig (English translation 1934: Theory of Economic Development. Cambridge, MA: Harvard Univ. Press)

Schumpeter J A. 1942. Capitalism, socialism and democracy. New York: Harper

Schumpeter J A, 2002. The economy as a whole. (7th Chapter of Schumpeter 1912, translation by Backhaus U) Industry and Innovation, 9: 93-145

Silva S T, Teixeira A C. 2006. On the divergence of research paths in evolutionary economics: a comprehensive bibliometric account. Papers on Economics and Evolution #0624: Max Planck Institute of Economics, Jena

Tooby J. Cosmides L. 1992. The psychological foundations of culture // Barkow J H, Cosmides L, Tooby J. The adapted mind: evolutionary psychology and the generation of culture. Oxford: Oxford University Press. 19-136

Trivers R L. 1971. The evolution of reciprocal altruism. Q Rev Biol. 46: 35-57

Veblen T. 1898. Why is economics not an evolutionary science? Q J Econ, 12: 373-397

Vromen J. 1995. Economic evolution: an enquiry into the foundations of new institutional economics. London: Routledge

Vromen J. 2004. Conjectural revisionary economic ontology: outline of an ambitious research agenda for evolutionary economics. J Econ Methodol, 11: 213-247

Vromen J. 2006. Routines, genes, and program-based behavior. J Evol Econ, 16: 543-560

Weibull J W. 1995. Evolutionary Game Theory. Cambridge, Mass: MIT Press

Wilson E O. 1975. Sociobiology—the New Synthesis. Cambridge, MA: Belknap Press

Wilson E O. 1998. Consilience—the Unity of Knowledge. New York: Knopf

Winter S G. 1964. Economic 'natural selection' and the theory of the firm. Yale Econ Essays, 4: 225-272

Witt U. 1989. The evolution of economic institutions as a propagation process. Public Choice, 62: 155-172

Witt U. 1999. Bioeconomics as economics from a Darwinian perspective. J Bioecon, 1: 19-34

Witt U. 2003. The evolving economy. Cheltenham: Edward Elgar

Witt U. 2004. On the proper interpretation of 'evolution' in economics and its implications for production theory. J Econ Methodol, 11: 125-146

Witt U. 2008. Observational learning, group selection, and societal evolution. J Inst Econ, 4: 1-24

Witt U, Cordes C. 2007. Selection, learning, and Schumpeterian dynamics—a conceptual debate // Hanusch H, Pyka A. The Elgar Companion to Neo-Schumpeterian Economics. Cheltenham: Edward Elgar. 316-328

Yeo R. 1993. Defining Science: William Whewell, Natural Knowledge and Public debate in early Victorian Britain. Cambridge: Cambridge Univ. Press

Ziman J. 2000. Technological Innovation as an Evolutionary Process. Cambridge: Cambridge Univ. Press

Zollo M, Winter S G. 2002. Deliberate learning and the evolution of dynamic capabilities. Organ Sci, 13: 339-351

美国在经济崛起之前为什么排斥
外国直接投资?[①]

贾根良[②]

摘　要：美国在 19 世纪末取得世界头号工业强国地位之前对外国直接投资采取了歧视甚至憎恨的态度，外国投资的绝大部分都被限定在购买债券上。美国以及其他国家的历史经验都说明，当一国经济在没有迈入发达经济门槛之前，大量的外国直接投资虽然可以导致一国的短暂繁荣，但对该国的长期发展却是非常有害的。迄今为止，一国经济的崛起与是否利用外国直接投资没有任何关联；反而，那些试图依靠外国直接投资实现经济发展的国家最终都陷入了依附型经济的悲惨命运。这种历史经验和教训值得我们对大规模引进外国直接投资的政策进行反思。

关键词：美国闭关锁国　外国直接投资排斥

JEL：F112　F832　F119

国内有一些论著认为，从殖民地时代起，美国就采取了对外开放的政策。在 19 世纪后半期，对外开放的表现之一就是大规模引进外资。按照这些论著的看法，大量吸引外资是美国实现工业化的基本手段，外国对美国的投资在美国在 19 世纪末超过英国成为世界头号工业强国的过程中起到了非常重要的作用。这些论著试图以美国的这种"历史经验"为我国大量引进外国直接投资提供根据。但不幸的是，这种看法完全不符合历史事实。自美国独立后特别是从南北战争后一直到第一次世界大战前，美国工业品的进口关税一直保持在 40%～50%，是人类历史上通过世所罕见的高关税成功实现经济追赶的国家。这么高的关税保护实际上实行的是闭关锁国的经济政策，而不是什么对外开放的政策。

确实，19 世纪的美国是世界上最大的外国投资接受国，"在整个 19 世纪，美国吸收了欧洲对外投资的绝大部分"。[③] 但是，"在 1799～1900 年，美国国家资本存量增加了近 600 亿美元，其中国外净投资的比重还不到 5%。显然其作用有限，因此许多现代的经济史学家很快就接受了库兹涅茨的观点：在美国经济的发展中，外国资本扮演着相

---

①　发表于 2009 年 3 月 30 日出版的《改革内参（评论版）》第 9 期，修改后以《美国在经济崛起前排斥外国直接投资的原因解析》公开发表于《广东商学院学报》2010 年第 3 期）。

②　贾根良，男，经济学博士，中国人民大学经济学院教授、博士生导师，中国演化经济学研究的早期开拓者。

③　斯坦利·L. 恩格尔曼等.《剑桥美国经济史（第二卷）：漫长的 19 世纪》，中国人民大学出版社，2008 年版，第 518 页。

对来说并不起眼的角色。"① 不仅如此，与当今发展中国家对待外资的态度截然不同，美国在这一时期利用外资上具有两个特点：首先，外国直接投资在利用外资中所占比例相当小，外国投资的大部分都被限定在债券上；其次，美国人对外资表现出歧视甚至憎恨的态度。

首先，让我们看一下在这一时期美国境内外国投资的产业分布，如下表所示。

美国境内外国投资的产业分布 　　　　　　　　　　　　　　（单位：%）

年　份	政府债券总计	联邦政府债券	州和地方政府债券	铁路债券	其他私人有价证券	直接投资	短期投资	外国投资总计
1843	65	0	65		23	0	12	100
1853	43	7	36	14	2	1	40	100
1869	72	64	7	16	1	2	10	100
1914	3			53	22	16	6	100

资料来源：斯坦利·L. 恩格尔曼等.《剑桥美国经济史（第二卷）：漫长的 19 世纪》，第 523 页。

通过上表可以计算出，债券（政府债券和铁路债券）占外国投资总计的比例在 1843 年、1853 年、1869 年、1914 年分别为 65%、57%、88% 和 56%，而外国直接投资则分别为 0、1%、2% 和 16%。即使加上其他私人有价证券（主要是指股票和公司债），外国资本的所有权投资仍只分别是 23%、3%、3% 和 38%。通过这些数字，我们可以得出结论，美国在 1900 年取得产业领先或经济霸主地位之前，很少利用外国直接投资或所有权投资。虽然 1914 年外国直接投资和外国所有权投资分别上升为 16% 和 38%，但在这时美国工业托拉斯的产业结构已经使外国直接投资无法与其竞争，而且，自 1896 年之后，美国对外投资大幅度增长，在 1896 年到 1914 年间美国已经成为外国资本的主要输出国。②

那么，在美国于 19 世纪末取得世界头号工业强国之前，为什么外国直接投资占外国在美国投资总计的比例这么小呢？利普西指出，"美国在 19 世纪许多行业技术落后于欧洲国家，令人惊讶的是，这些行业中基本没有直接投资，而直接投资是开发优势技术的天然渠道"。③ 利普西对此提出的解释是：以现代标准来看，交通、运输太落后，企业几乎不可能跨越大洋来控制一个分公司。但这种解释是非常牵强的，甚至是站不住脚的。因为我们知道，英国和法国在 19 世纪对海外遥远的殖民地经济命脉的控制主要是通过直接投资实现的。实际上，正如张夏准指出的，外国在美国很少有直接投资的主要原因就在于，美国在与外国投资者打交道上具有可怕的记录（从本段到第三段的资料均引自张夏准 2007 年的著作④）。例如，1817 年，美国国会颁布美国航海业严禁外国投资者染指的法令，这种限制一直持续到第一次世界大战；联邦矿业法规定，只有美国居民

---

　　① 斯坦利·L. 恩格尔曼等.《剑桥美国经济史（第二卷）：漫长的 19 世纪》，中国人民大学出版社，2008 年版，第 518 页。

　　② 斯坦利·L. 恩格尔曼等.《剑桥美国经济史（第二卷）：漫长的 19 世纪》，中国人民大学出版社，2008 年版，第 519 页。

　　③ 斯坦利·L. 恩格尔曼等.《剑桥美国经济史（第二卷）：漫长的 19 世纪》，中国人民大学出版社，2008 年版，第 493 页。

　　④ 参看 Chang, H. J., 2007, *Bad Samaritans——Rich Nations, Poor Policies, and the Threat to the Developing World*, Random House, pp 92-94；pp242-243.

和美国公司才有开采权；1878 年的木材法规定，只有美国居民才具有在公共土地上采伐木材的权利；与中国长期给外资提供包括税收和土地出让金等诸多优惠政策截然相反，美国当时的一些州对外国公司征收比美国公司更重的税；1887 年颁布的印地安那州法律甚至完全撤消了法院对外国企业的保护。

美国不仅歧视外国直接投资，而且难以置信的是，1884 年 1 月出版的美国《银行家杂志》第 38 期上的文章对外国在美国有价证券的投资和货币出借也充满着敌视的心理。文章写到，"对我们来说，当没有一个好的美国证券由国外人所拥有的时候，当美国不再是欧洲银行家和货币出借者的剥削基地的时候，那将是一个快乐的日子。支付给外国人贡金……是可憎的……"

对于目前的拉丁美洲和中东欧的金融业为什么会因为对发达国家的开放而被外资控制所产生的"比敌人的海军和军事力量更可怕和更危险"的严重后果，19 世纪的美国政治家和银行家们是非常清醒的。1832 年，美国开国元勋和被今天美国自由市场信条宣传者奉为英雄的杰斐逊拒绝给美国第二银行发放继续营业的许可证，原因是外国人持有这个银行的股份太高了，达到了 30％的比例。对于这个决定，杰斐逊解释说，"万一银行的主要股本落入某国之手，而万一我们不幸地又与那个国家发生了战争，我们将会处于怎样的境地？……控制我们的货币，接收我们的公款，使我们成千上万的居民处于依附地位，这比敌人的海军和军事力量更可怕和更危险。如果我们必须有一个银行的话……它应该是纯粹美国人的银行"。按照同样的逻辑，美国纽约州在 19 世纪 80 年代颁布法律，禁止外国银行在该州从事"银行业务"（如吸收存款和票据贴现）；1914 年又禁止在该州建立分支机构。作为美国今天的金融中心，当时的纽约州在银行业务水平上是没办法与伦敦竞争的，但与目前中国银行业所采取的所谓"引进战略投资者"截然相反，美国纽约州当时采取的办法是严禁外资入内的幼稚产业保护，这是它在 20 世纪 30 年代之后成为世界金融中心的重要原因。

美国这种只允许购买债券但不允许购买美国企业的做法一直延续至今。美国进步经济学家迈克尔·赫德森指出，1972 年后，当沙特阿拉伯和伊朗提议，用其石油美元开始购买美国公司时，美国官员表示，这被视为一种战争行为。石油输出国组织被告知，它可以将石油提高到其想要的价格，只要它用这笔收入购买美国政府的债券。那样，美国人就可以用他们自己的货币，而不是黄金或其他"世界货币"购买石油。出口到美国的石油、德国和日本的汽车以及其他国家的商品，换到的是可以无限印刷的美元纸币，[①] 美国人再用这种无限印刷的美元纸币大肆收购中国企业特别是国有企业。但是，正如加拿大籍华人投资家马耀邦指出的，美国不会允许中国公司收购美国企业，因为美国不会允许外国人控制自己的银行、航空公司、石油公司、电信公司、国防工业和科技公司。中国的公司不被允许购买美国的海外投资，在优尼科公司收购战中，美国政客的反对就是证明。另外，美国的跨国公司可以不受限制地进入中国市场，甚至受到了中国官员张开双臂的欢迎。中国的国有银行贷款给美国的公司，使之能够低价收购中国的企业。[②]

---

① 迈克尔·赫德森：《金融帝国：美国金融霸权的来源和基础》，中央编译出版社，2008 年版，第 401 页。

② 《中美关系——透视大国隐形战争》（当代中国出版社 2008 年 10 月出版）

从 19 世纪美国独立后一直到现在，美国人为什么只允许外国人购买其债券但不允许购买和控制其企业呢？1913 年的美国总统伍德罗·威尔逊一语道破了美国政府秘而不宣的天机，"曾有人说拉丁美洲给外国资本以特许权，但从未曾有听人说美国给外国资本以特许权，……这是因为我们不给他们这种权利"，因为他深信，"投资于某个国家的资本会占有并且统治该国。"[①]虽然威尔逊总统的最后一句话有些言重了，但大规模的引进外国直接投资对一个国家长期发展是有害的，历史一再证明了这一点。如若不相信这个结论，那就请看一下拉丁美洲的命运吧。

拉丁美洲无法摆脱依附型经济的命运主要是这些国家企图通过自由贸易和依靠外国直接投资发展其经济的恶果。1960～1980 年是拉丁美洲实行贸易保护的进口替代时期，在这个时期，年均经济增长率达到了 2.9%；但在实行新自由主义时期的 1981～2001 年，年均经济增长率则仅为 0.4%[②]。很明显，贸易保护是拉丁美洲进口替代时期取得优异经济增长绩效的重要原因。但是，即使在这一时期，除了 20 世纪 60 年代中期曾采取过几年限制外国直接投资的措施外，大量引进的外国直接投资先是控制了拉丁美洲的资源和公用事业部门，后来又控制了主要的制造业部门，外国直接投资不仅通过拉丁美洲各国所提供的贸易保护在拉丁美洲各国国内攫取了巨额利润，而且通过"夺走或建立要塞部门，并以此控制其他部门"[③]，把拉丁美洲那些试图取得国际竞争地位的民族企业都扼杀在摇篮之中了。由此所产生的后果是极其严重的：拉丁美洲试图通过贸易保护改变其不利国际分工地位的努力又完全被外国直接投资所瓦解，这是拉丁美洲进口替代工业化战略在其后期陷入困境的主要原因，也是拉丁美洲即使实行贸易保护也无法改变依附型经济命运的基本原因；同时，它也是 19 世纪的美国之所以能够超过英国成为世界头号工业强国的秘诀：在实行贸易保护的同时必须排斥外国直接投资，否则，从前门驱逐出去的豺狼又会在后门被放进来。

经济史的研究说明，在英国、法国、德国、芬兰、日本和韩国的崛起过程中，外国资本实际上没有起到什么作用。按照张夏准的研究，芬兰只有到 1993 年在为进入欧盟做准备时才对外资采取了自由化的政策，而在此之前则对外资采取了严厉的限制政策；日本对外资限制的态度是众所周知的，在 20 世纪 90 年代末购并高潮之前的 15 年内（也就是 1981～1995 年），就外国直接投资占总固定资本形成的比例来看，发达国家的平均数为 3.5%，而在 1971～1990 年，这个比例在日本只有 0.1%；1971～1995 年，韩国的外国直接投资在总固定资本形成中的比例小于 1%，而发展中国家在 1981～1995 年的平均值是 4.3%[④]。上述国家以及美国的经验都说明，一国经济的崛起与是否利用外国直接投资没有任何关联；反而，那些试图依靠外国直接投资实现经济发展的国家却最终陷入了无法摆脱的依附型经济的悲惨命运。

---

①　爱德华多·加莱亚诺：《拉丁美洲被切开的血管》，人民出版社，2001 年版，第 2 页。

②　Esteban Pérez Caldentey and Matías Vernengo, 2008, Back to the Future: Latin America's Current Development Strategy, p4, 根据图 1 和表 1 计算所得。

③　爱德华多·加莱亚诺：《拉丁美洲被切开的血管》，人民出版社，2001 年版，第 239 页。

④　Rajneesh Narula & Sanjaya Lall, Understanding FDI-Assisted Economic Development, Routledge, 2003, p. 251-254.

第三届中国演化经济学论坛暨年会简报

第三届中国演化经济学论坛暨年会于 2010 年 6 月 4 日、5 日在浙江大学隆重召开。本届年会主题为"演化经济学与跨学科研究",由浙江大学公共管理学院、教育部战略研究基地浙江大学科教发展战略研究中心(RCSTEP)及《演化与创新经济学评论》编辑部承办。

年会开幕式由中国人民大学书报资料中心总编辑、中国人民大学经济学院孟捷教授主持,浙江大学副校长罗卫东教授致欢迎辞,公共管理学院院长姚先国教授致开幕辞,北京大学中国经济研究中心陈平教授、中国人民大学经济学院贾根良教授、浙江工商大学经济学院张旭昆教授、浙江大学跨学科研究中心主任叶航教授、中南财经政法大学经济学院杨虎涛教授、云南大学经济学院副院长张林教授等国内知名专家学者出席了本届年会。中心主任陈劲教授因公干赴新加坡未能出席此次年会。此次与会人员除高校学者外,还有来自科学出版社、《经济学家》、《当代财经》、《社会科学辑刊》等杂志社及出版单位的专业人士。

图1

图2

图3

图4

图 1 为浙江大学副校长罗卫东教授致欢迎辞。

图 2 为浙江大学公共管理学院院长姚先国教授致开幕辞。

图 3 为中国人民大学书报资料中心总编辑、中国人民大学经济学院孟捷教授主持开幕式。

图 4 为第三届中国演化经济学论坛暨年会秘书长王焕祥博士介绍 RCSTEP 未来几年关于演化经济学的工作计划。

图5

图6

图7

图8

图9

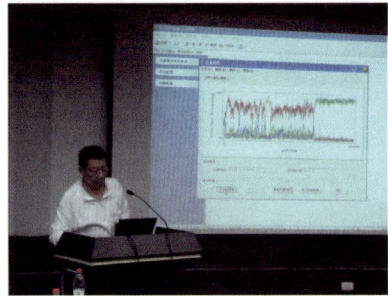

图10

图 5 为北京大学中国经济研究中心的陈平教授做题为"经济学范式的演变：从'看不见的手'（invisible hand）到'协作的手'（coordinating hand）"的报告。

图 6 为中国人民大学经济学院的贾根良教授做题为"政治经济学的美国学派与大国崛起的经济学逻辑"的报告。

图 7 为山东大学经济研究院的院长助理黄凯南博士做题为"主观博弈论与制度内生演化"的报告。

图 8 为中国科学院地理资源所的刘志高博士做题为"The Re-emergence old industrial areas：a case study on the Dalian city"的报告。

图 9 为中国人民大学经济学院的孟捷教授做题为"一本后冷战时代的政治经济学教科书"的报告。

图 10 为浙江大学跨学科研究中心的叶航教授做题为"合作与利他惩罚的神经元经济学——1000 人样本的真人实验"的报告。

图11

图12

图13

图14

图15

图16

图11 为浙江工商大学公共管理学院的许彬教授做题为"Phase Diagram of Prisoner's Dilemma：Empirical Evidence from the Human Subjects Experiments"的报告。

图12 为浙江工商大学经济学院、浙江大学经济学院、宁波大学商学院的张旭昆教授做题为"字典式偏好序与个人选择和社会选择——兼论对制度演化的影响"的报告。

图13 为上海交通大学国际与公共事务学院的吕守军博士做题为"现代资本主义多样性的演化经济学分析"的报告。

图14 为清华大学环境科学与工程系的石磊副教授做题为"中国产业共生全球化与本土化的融合与冲突"的报告。

图15 为中南大学商学院的傅沂博士做题为"产业变迁中制度路径依赖的成因研究"的报告。

图16 为杭州电子科技大学经贸学院的陈安宁研究员做题为"产权的社会契约性质：起源"的报告。

图17

图18

图19

图20

图21

图22

图 17 为中南财经政法大学经济学院的杨虎涛教授做题为"漫长的婚约会等来什么？——评生物经济学"的报告。

图 18 为《当代财经》杂志社的徐鸣教授做题为"'道'的隐喻：实体资本与虚拟资本的演化——基于演化经济学视角的中国式探索"的报告。

图 19 为安徽财经大学管理学院的王成军博士做题为"从高情感走向好制度：三重螺旋、制度变迁与演化创新"的报告。

图 20 为中国人民大学经济学院的徐尚博士做题为"马歇尔对创新经济学的思想贡献"的报告。

图 21 为北京大学国家发展研究院的丁建峰博士候选人做"演化理论与分配正义"的报告。

图 22 为上海社科院的林建永博士候选人做题为"交通同城化如何影响产业区域布局演化研究"的报告。

图23

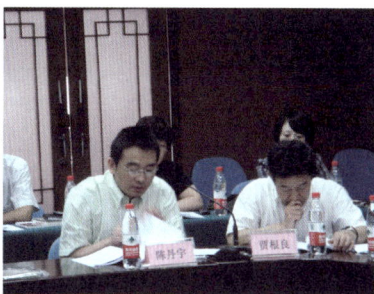

图24

图 23 为浙江师范大学法政公管学院的郭金喜博士做题为"义乌小商品集群企业国际化路径探析"的报告。

图 24 为杭州师范大学阿里巴巴商学院常务副院长陈丹宇教授点评会议报告。

附录：关于成立中国演化经济学论坛暨年会秘书处的决议

4 日晚，第三届中国演化经济学论坛暨年会举行了圆桌会议，与会人员一致认为，为了推动和适应中国演化经济学的迅速发展，保证中国演化经济学发展的正规化，决定成立中国演化经济学论坛暨年会秘书处，负责论坛暨年会日常事务的计划、组织、协调与处理工作，全权负责论坛暨年会征文及其稿件的相关事宜，以及监督和协助中国演化经济学论坛暨年会承办单位的会务组织等工作。秘书处常设于教育部战略研究基地——浙江大学科教发展战略研究中心（公共管理学院），王焕祥博士为联系人，不定期召开秘书处会议以商讨和决定中国演化经济学论坛暨年会相关事宜。

秘书处秘书长采取轮值制，由秘书处成员集体推选产生。经会议商定，秘书处成员名单如下（按姓氏首字母顺序排列）：

顾自安　厦门大学经济学博士，复旦大学理论经济学博士后流动站博士后，宁夏黄河出版传媒集团党组成员、宁夏新华书店集团有限公司常务副总经理。

黄凯南　经济学博士，数学博士后，山东大学经济研究院院长助理，副教授。

黄阳华　经济学博士，中国社会科学院工业经济研究所助理研究员。

刘志高　德国法兰克福大学人文地理学博士，就职于中国科学院地理资源所，"中国演化经济学"网的主要发起人和主要负责人，中国演化经济学论坛暨年会主要发起人，第一届中国演化经济学论坛暨年会秘书长。

石磊　系统工程学博士，清华大学环境科学与工程系副教授。

王焕祥　浙江大学经济学博士、管理科学与工程学科在站博士后，教育部战略研究基地科教发展战略研究中心《演化与创新经济学评论》联合创办人、执行编辑，中国演化经济学论坛暨年会发起人之一，第三届中国演化经济学论坛暨年会秘书长，"中国演化与创新经济学丛书"执行主编，嘉兴学院副教授，兰州大学管理学院硕士研究生导师。

杨虎涛　经济学博士，中南财经政法大学教授，中国演化经济学论坛暨年会发起人之一，第四届中国演化经济学论坛暨年会秘书长。

张林　经济学博士，云南大学经济学院教授、副院长，第二届中国演化经济学论坛暨年会秘书长。

为保证中国演化经济学论坛暨年会有序、有效地展开高水平学术活动，秘书处经商议决定聘请相关领域内的知名专家学者为中国演化经济学论坛暨年会学术顾问，学术顾问委员会名单如下（按姓氏首字母顺序排列）：

陈劲　管理学博士，浙江大学求是特聘教授，博士生导师，杰出青年基金获得者。

陈平　美国德克萨斯大学（奥斯汀校区）物理学博士，北京大学中国经济研究中心经济学教授、博士生导师。

黄少安　经济学博士，经济学教授、博士生导师，教育部长江学者特聘教授，山东大学经济研究院（中心）院长兼产权研究所所长，中央财经大学经济学院院长。

贾根良　中国人民大学经济学院教授、博士生导师，中国演化经济学先行者，中国演化经济学论坛暨年会发起人之一。

罗卫东　浙江大学副校长，经济学教授、博士生导师，浙江省政协委员。

孟捷　中国人民大学书报资料中心总编辑、经济学教授、博士生导师，中国政治经济学年会总干事。

姚先国　浙江大学公共管理学院创办院长，经济学教授、博士生导师，浙江大学劳动保障与公共政策研究中心（LIPP）主任。

汪丁丁　北京大学中国经济研究中心、浙江大学经济学院经济学教授，浙江大学跨学科社会科学研究中心学术委员会主席，东北财经大学行为与社会科学跨学科研究中心学术委员会主席。

产权的社会契约性质:起源

陈安宁[①]，朱　喆[②]

摘　要： 本文采用鲍尔斯、金迪斯等桑塔费学派学者的思路，选用演化博弈论来分析产权的产生。本文大致分为三个部分：首先阐述了不同类型的理性对人们行为选择的影响；其次梳理了霍布斯、洛克和卢梭等先知对自然状态的预设性描述；最后根据意欲理性原理分析霍布斯丛林、卢梭荒野（或伊甸园）和洛克社会（或公民社会）等自然状态与政治社会之间的更替关系，并应用广义复制者动态方程模拟了产权产生之过程。

关键词： 演化博弈论　产权　理性　复制者动态方程　自然状态

JEL： F019　F016　F091

一、引言与综述

产权伴随着人类文明历史而发展，也是社会科学必须诠释的问题。产权研究是从起源、功能（包括评价）和选择三个维度展开的。

早在古希腊哲学家柏拉图、亚里士多德等的著作里就有关于财产或产权的讨论（property 与 property rights 在早期的著作中意思接近）。最早系统研究产权的学者可以追溯到基督教哲学家阿奎那。阿奎那在其巨著《神学大全》中陈述了私有产权对社会秩序形成的作用。后来，著名政治哲学家格劳秀斯、霍布斯和洛克等分别从自然法和自然权利的角度论述了产权起源的先占说和劳动说，并提出了"没有财产的地方亦无公正"的名句。之后，产权问题逐渐为社会科学界所重视，卢梭最早提出产权产生社会契约的欺骗说，他与蒲鲁东、马克思等都将私有产权视为社会罪恶的原孽。而古典经济学家斯密、休谟和穆勒等人则进一步发展了洛克的劳动说，将私有产权看做价值的源泉。休谟还放弃霍布斯、洛克和卢梭等的社会契约构想，提出了产权演化的分析框架。

近代产权理论更是五彩缤纷，大致可以分为新制度经济学派的交易成本产权理论、公共选择学派的宪政产权理论和演化经济学派的演化产权理论。

自 20 世纪中叶以来，科斯（1937，1960）、阿尔钦（1965，1977）、阿尔钦和德姆塞茨（1972）、张五常（1968）和巴泽尔（1974，1982，1987）等建立了以"交易成本"

---

① 陈安宁，男，生态学博士，杭州电子科技大学经贸学院产业经济研究所研究员，硕士生导师，研究方向为数理经济学和制度经济学。

② 朱喆，男，经济学博士，杭州电子科技大学经贸学院讲师，主要从事宏观经济学和制度经济学方面的教学科研工作。

为内核的产权理论。该理论进一步拓宽了产权研究的范围，讨论延伸到非所有权形式的产权制度和界定对经济效率（或绩效）的影响。经过诺斯和托马斯（1973）、诺斯（1981）、克莱因和克劳福特、阿尔钦（1978）、威廉姆森（1975，1985）、格罗斯曼和哈特（1984）、哈特和莫尔（1990）、斯蒂格里利茨（1974，1984）、霍姆斯特姆和米尔格罗姆（1991）等的扩展，交易成本产权理论又衍生出了新经济史学、现代企业、契约和激励机制等理论，构建起了一个体系庞大的新制度经济学。

公共选择学派的布坎南（2002）和罗利（2007）等创造性地继承了霍布斯和洛克等的社会契约论的思想（与后者的区别在于宪政产权理论的社会契约起点是公地灾害，而不是自然状态）。布坎南在他的一篇论文《财产是自由的保证》中提出了"（私有）财产所有权是自由的保证"的命题。与交易成本产权理论不同，布坎南并不先讨论产权界定本身对经济效率的直接影响，而是将私有财产看成是人们"自由"退出社会契约和防止多数人暴政的最后堡垒。只有这种退出和防止机制的存在，才有可能保证宪法的有效率运行。而宪法又是维系和更改一般制度（包括经济制度）的制度，即制定一切规则之规则。所以，（私有）财产所有权是重要的。

哈耶克（2000）继承了休谟"道德进化论"和门格尔"制度自生自发"的思想，论述了演化产权理论的主要观点，认为产权不是一种有意识、有目的行为的结果，而是一种文化进化中逐渐获得的无意识产物。几乎于同时，肖特（1981）和萨格登（1986）等人应用经典博弈论来解析自然状态向公民社会演化和产权产生的模型。不过，在这方面走得最远的，或许是以鲍尔斯和金迪斯为首的桑塔费学派。为了避免肖特和萨格登等人数学工具与描述对象不一致的矛盾，他们选择了演化博弈论来构建产权演化理论的分析框架。

正是因为上述研究在理论内容与方法论方面激动人心的突破，所以从理性出发分析产权作为一种最重要的制度是如何演化产生这一问题，是非常有必要重新回头来看的。之前有关此问题的注释现在看来确实有些简陋。

从人类社会发展的历史看，如产权制度，确实像哈耶克（2000）所说的那样："最初是习俗的产物。"而习俗"是无意识的人类行为的积累结果，是通过学习和模仿而传播、沿袭下来的整个文化的遗产"（韦森，2001）。然而，这种演化的结果又与新制度经济学的"约束条件下的利益最大化"预设有惊人的相似之处，以至于让人觉得历史发展虽不为理性所设计，却似是由理性所预设。同样，动物行为学家也发现，除了人类以外，其他动物的集体行为也有类似的"巧合"——集体行为演化会出现类似理性设计结果的现象，如 Harper（1982）的野鸭觅食实验。

这种"巧合"是如此奇妙，强烈地吸引着我们的好奇心，以至于我们迫不及待去探索这种神秘关系。本文针对产权演化的集体行为结果与理性预设"巧合"的问题，用演化博弈论方法来作一个"as if"式的理论探讨。

本文采取模型的原型是由 Smith（1974）建立的鹰鸽博弈模型。Bowles 和 Choi（2002）则将鹰鸽博弈模型用来分析产权的产生和演化。在鲍尔斯和崔的模型中，除了"掠夺"和"分享"策略外，鲍尔斯等还引入"惩罚"策略，将产权演化更深化一步。不过，此模型在数学处理上极不简明，也无法解释人类社会产权产生的普遍性问题。因此，本文认为有必要在这一思路上进行全新的尝试，以解决上述问题。

二、行 为 群 体

产权和宪政等社会安排都是在相对稳定的竞争环境下，人类活动的社会性反映。人类的行为集合可以分解为众多不同领域的子集。这些领域包括衣食住行、生产交易和公共政治等诸多方面。社会演化就是通过这些领域的行为范式变迁显现出来的。所谓行为范式就是某个行为子集中各种行为群体之间的比例结构。而行为群体则是指在一定行为子集中选择相同行为的群体。例如，卢梭（2002）狩猎例子中的行为子集是｛猎鹿，逐兔｝，行为群体有两个："猎鹿"群体和"逐兔"群体。行为范式就是"猎鹿"（或"逐兔"）群体的比重。

相同行为群体的成员未必具有一样的效用函数，或价值评价的取向。相同行为群体的成员大体上可以分为两大类型：内在的和工具的。所谓内在型的成员是将该行为看做自己个体效用函数最大化的自变量；而工具型的成员则是将该行为看做达到其他目的的手段或约束，而非自己个体效用函数最大化的自变量。例如，有 A、B 两人，在一个救灾慈善活动中，面临一个可供选择的行为子集：｛捐款，不捐款｝。A 的效用函数中有同情和怜惜之心这个变量，那么，他自然会不计回报地选择"捐款"。对 A 来说，不会将"捐款"看成是实现另一件事情的"成本"，因为"捐款"本身对自己来说就是一件幸福的事。A 无需对其后果进行有效性和真理性评价，会持续地选择"捐款"行为。而 B 的效用函数没有同情和怜惜之心这个变量。但是，他相信"积善之家必有余庆"、"好心必有好报"之类的因果之说，那么，他也会选择"捐款"。对 B 来说，"捐款"本身并不是一件幸福的事，而将来得到"余庆"和"好报"才是 B 感兴趣的事，B 会将"捐款"看成是实现"余庆"和"好报"的成本。那么，B 就会对"捐款"与"余庆"和"好报"之间进行成本-收益核算，进而对其后果作出有效性和真理性评价。如果，进行数次有效性和真理性评价后，一旦发现"捐款"与"余庆"和"好报"之间没有必然联系，在取得相同"余庆"和"好报"情况下，"捐款"是一项多余的成本支出，他就会放弃继续"捐款"的行为。在这个例子中，A 就是"捐款"行为群体中的内在型的成员，而 B 则是工具型的成员。

三、价 值 与 理 性

行为选择首先是行为者根据自己的偏好（即主观价值取向）来决定的。至于这种选择是否可以在社会竞争中持续下去，则需要竞争规则对其的筛选。前者产生于个人对行为预期的"意欲比较"；后者取决于社会竞争规则对行为后果的"竞争比较"。不过，无论何种"比较"都需要用某些度量来刻画，这些度量就是相关的价值。按上面"比较"方式的划分，价值也可以分为个体主观价值和社会竞争价值两大评价体系。个人对行为结果偏好的度量称之为"个体主观价值"，也就是通常所说的"效用"。社会竞争对行为结果筛选的度量称之为"社会竞争价值"。社会竞争价值来自于社会竞争规则的客观要求。一个人行为选择的个体主观价值取向和社会竞争价值取向可以偏离，甚至对立。不过，那些具有与社会竞争价值相悖的主观价值的个体，在社会竞争筛选机制作用下，往往会沦为"非主流"和"另类"。社会竞争价值除了受到竞争领域正式制度作用外，还会受到传统习俗和意识形态等非正式制度的影响。不同价值体系对行为的评价都会涉及"理性"的问题。

今天哲学、经济、政治和社会等诸多学科都经常使用的"理性"（译为rationality，或reason）一词可以溯源于古希腊哲学家赫拉克利特使用的"logus"（译为"神或普遍规律"）和阿那克萨戈拉使用的"nous"（译为"心灵"）这两词（斯通普夫等，2009）。后来，经过几千年不同学科的注释和覆蔽，"理性"的内涵就变得极为丰富了。理性首先可以从行动能力和行为方式两个方面进行定义。前者称为能力理性。广义地说，是反映人类具有一种能够利用大脑对客观事物进行后果预测和价值判断，并以此控制自己行为的能力；狭义地理解，是一种用科学方法在不同概念之间进行推理的能力。从这层意思看，正常人的社会活动都会涉及理性的运用。后者称为行为方式理性。经济学通常指的是行为方式理性。

在休谟和杰文斯等的研究成果的基础上，马歇尔正式把理性列入经济学研究的核心概念。在《经济学原理》中，马歇尔将理性演变成意欲合理、边际分析和效用最大化。Sen（1994，1995）将其概括为内在一致性和自身效用最大化。不过经济学家西蒙（1957，1961）对此首先提出异议，认为行为发生与意图实现并非一致。由于信息的复杂性和不确定性（迪屈奇，1994），人的动因是意欲合理的，但只能有限实现，即行为人仅仅能够寻求满意解，而非最优解。实际上，这个问题的讨论已经涉及行为人是否愿意和可能进行"准确"推理的问题。萨茨和弗里基（1994）、克拉克（1997）等提出外在约束条件强弱对行为能否"理性"有影响。"在选择受约束时，（传统的）理性选择理论威力无比。"另外，Elster（1989，1996）还讨论了理性与社会规范和情感等的关系。

综上所述，我们可以将行为方式理性分为意欲理性、计算理性、竞争理性和社会进化理性四层含义来论述。

意欲理性由选择的内在一致性（即偏好理性）和显示偏好的弱公理两部分组成。前者是指来自于不同子集的各种选择应以一种有说服力、成体系的方式相互对应。也就是说，对于任意一个可供选择的行为集合A，一定存在一种二元（更严格地说是偏好）关系R，对于任意x，$y \in A$，必有$x R y$。这是实现计算理性的充分条件。而后者是指从"行为者B在可以选择y的情况下，却选择了x"的现象，一定能推断出"行为者B认为（或预料）'$x > \sim y$'"的结论[①]。显示偏好的弱公理暗含了手段（或目标）理性。所谓手段（或目标）理性是指这样一种情境："如果一个行为者B的目标是Z，想法为M，H是为达到目标Z所必要（或合适）的手段。当他在实现Z的过程中，想法M确实使他选择了H。"[②]旁人无法对行为者的某种选择进行是否是意欲理性的"必真检验"和"合理审查"（阿玛蒂亚·森，2006）。意欲理性的后果评价只能是行为者本人。每位大脑健全的行为者都可以从自己各种行为的内省，得出"选择的内在一致性"和"显示偏

---

① 对《新帕尔格雷夫经济学大辞典》（伊特韦尔等，经济出版社，1996年）73～74页原文略作删减修改。

② 对《经济伦理学大辞典》（恩德勒等，上海人民出版社，2001年）399页原文略作删减修改。

好的弱公理"等意欲理性的表述。

"人是生而自由的。"（卢梭，2003）即使一个人受奴役和胁迫时，他的精神依然是自由的，他会继续追求自己的目标，而非奴役的目标。在其力所能及的范围内，他会执行效用最大化的计划。

计算理性是指一个人选择要符合"效用（或目标）最大化"。这就要求这个人具有无限收集和处理信息的能力。也只有这样，他才能做到"料事如神"和"无一遗策"。但是，在现实生活中，由于人们所具有的时间和心智等都不允许他们获取完全计算理性所需要的全部信息和准确处理这些信息的能力。这就是计算理性有限。通常讲的理性有限主要是指计算理性有限。例如，一个行为者 B 的目标是 Z，想法为 M，H 是为达到目标 Z 所必要（或合适）的手段。当他在实现 Z 的过程中，想法 M 确实却他选择了H'，所以，他不能实现目标 Z。计算理性与其他三种选择理性不同，不是一种价值取向，而是实现其他价值目标的手段。经济学所讲的消费者理性就是意欲理性和计算理性，即消费者能在约束条件允许范围内，完全无误地做自己最喜欢做的事。

意欲理性和计算理性决定了人类具有"正确"选择行为的能力，也是人类发明创造之源泉。通常将这两类理性合称为选择理性，它是完全由个人大脑中枢推理产生的。选择理性也是经济学中最常用的含义。

根据上述分析，我们可以推论出：计算理性是一种随着行为者经验增多而不断完善的理性。如果在同样（或几乎相同）的决策环境下，一人反复多次进行同一行为选择时，他最终选择的行为一定是能够完全符合自己的效用（即主观价值）最大化的行为。这就是意欲理性相容原理。

竞争理性是指个人的偏好关系（即个体主观价值取向）要与社会竞争价值取向保持一致。由于受传统与嗜好等因素的影响，一部分人的个人主观价值取向与社会竞争价值取向可能会发生偏离，甚至对立，从而造成了非竞争理性。比如，在传统农业的经营环境中，产生竞争的价值取向是"生存风险最小化（即安全第一）"。如果一个农民的个人主观价值取向却是"利润最大化"，那么，在没有比较健全的社会保险体系的情况下，频繁的自然灾害和市场波动会使他比其他人更容易破产，他的"利润最大化"主观价值取向就是非竞争理性的。经济学所讲的生产者理性就是竞争理性和计算理性，即企业家能够做最符合竞争要求的事情。竞争理性是竞争法则对竞争者意欲理性筛选的结果。通过竞争淘汰了意欲理性与竞争价值取向相悖的竞争者，让竞争场上剩下主观价值取向与竞争价值取向相一致的竞争者。一些经济学家也曾用自然选择理论来替"利润最大化"的厂商理论辩解（Friedman，1953）。

社会进化理性是指一个社会的竞争价值取向与其他社会更高层次竞争价值取向保持一致。封闭的社会会降低与外部世界的竞争，形成一种独特的社会竞争价值取向，且这种竞争价值取向又与更高层次竞争价值取向相悖。这就是非社会进化理性。例如，一个传统农业社会的竞争价值取向是"生存风险"最小化，而世界市场的竞争价值取向是"利润最大化"。那么，一旦农产品市场开放，传统农业的农民就会面临全球农产品生产者的竞争。在新竞争环境下，按传统"生存风险"最小化的行事结果未必是"生存风险"最小化，从长期来看，反而是件危险的事情。因此，这种主流价值取向就是非社会进化理性的。社会进化理性评价的对象不是个人行为的结果，而是群体行为的结果。例如，对一个国家政治经济体制和意识形态评价时，所用的理性就是社会进化理性。社会学家韦伯在《新教伦理与资本主义精神》和《儒教与道教》等著作中讲述资本主义不可能在非欧美国家发展的根本原因在于非欧美国家与欧美国家之间存在精神上的差异——缺乏理性。这里我们也可以理解成非欧美国家传统的社会主流竞争价值取向不适宜发展资本主义，这导致他们在与欧美国家的社会、政治、经济和军事等领域的竞争中处于劣势。可以说，非欧美国家当时是非社会进化理性的。

竞争理性和社会进化理性与选择理性不同，并不一定是由个人大脑中枢推理产生的，而是由人们根据行为与竞争环境相适应程度决定的。竞争理性和社会进化理性产生于竞争，而非引导竞争的指南。

这些理性的后果评价往往是可以由旁人进行的。旁人根据"理性者存，非理性者亡"的原则对个人或群体的行为进行后果评价。本文随后的分析主要建立在意欲理性与竞争理性的含义之上。

四、行为范式的进化论

竞争的激烈（或残酷）性取决于竞争的汰选机制对竞争者"犯错"的"容忍"程度。一旦"犯错"超出了这种"容忍"程度，竞争者就要被汰选机制"清除"出去。这种"容忍"程度越大，竞争的激烈（或残酷）性就越小。人类行为集合可以根据竞争的激烈（或残酷）性分为竞争性和非竞争性两大类：竞争性行为是指这类行为的选择会面临激烈汰选机制，如厂商的市场竞争行为；非竞争性行为是指这类行为的选择不会面临激烈汰选机制，如消费行为。按消费社会的竞争价值尺度来判断，各种正常消费行为是无差异的。

按社会竞争结果来衡量，计算理性有限和非竞争理性都会引发"选择错误"。但是，两者对"选择错误"的影响时效有本质的区别。计算理性有限引起的"错误"是指尽管一个人个人主观价值与社会竞争价值取向一致，但是，由于他的计算理性不足（例如客观最优的行为策略不在他的已知行为策略集中，行为策略的主观支付函数与客观支付函数不相符），造成对行为结果主观价值判断失误，选择了"错误"的行为。如果，在环境条件相对稳定的情况下，随着"试错"次数的增加，这一类选择错误的程度（即选择行为与"最优"行为的支付差距）和频率都会出现趋势性降低的现象，最终会使选择行为与按社会竞争要求的"最优"行为相一致。而非竞争理性造成的选择"错误"完全是由行为者的个人主观价值取向与社会竞争价值取向不一致造成的，其选择错误的程度和频率都不会随着"试错"次数增加而趋势性降低。因为相关的行为者根本就没有"纠错"的愿望。社会只有通过竞争削减他们的利润、福利，甚至暴力剥夺他们的生命等方式，逐步淘汰非竞争理性者，实现社会性"纠错"。比如，在市场价格竞争中，那些不愿意按"利润最大化"生产的企业就会逐渐被市场淘汰出局。残酷的竞争最终将导致人们主观价值取向趋同的现象。

在一定竞争环境下，行为群体的演化总会趋于某种稳定的行为范式。伴随着新思想的持续产生和移入，新的变异群体会不断出现。一般说来，由于新的行为群体对竞争环境的适应较差，且原有行为群体具有规模优势，新的行为群体会处于竞争劣势并很快消亡。但是也有例外，有时会有一些新行为群体不但生存下来甚至还淘汰了原有行为群体的现象。这就导致行为范式的演进。产生行为范式变迁的原因有两种：外生和内生。所谓外生变迁是指与原有行为群体扩展无关的环境因素变化导致的行为范式变迁。而内生变迁则是指原有行为群体扩展改变了竞争环境（如竞争博弈的支付矩阵），诱发了行为范式的变迁。某些行为群体在自身扩展过程中产生了不利于自身的竞争环境，最终导致自己的消亡，类似于生物学中的种群异化现象。

五、复制者动态方程

人类社会学中的行为群体竞争与生物学中种群竞争有类似之处，应该符合社会学意义上的"费希尔"定理，即社会可以通过竞争淘汰适应程度较低的群体，使整体的适应竞争能力提高。行为群体扩展与生物基因复制两者在数学上是同构的。

影响行为偏好的因素可分先天性和后天性两种。所谓先天性因素是指由遗传基因决定的因素。而后天性因素则是指由后天学习实践所确定的因素。从先天性因素看，根据孟德尔独立分配定律，具有某种行为嗜好的群体规模增长率与原有嗜好的群体规模成正比。从后天性因素看，在后天的教育和培养过程中，父母和周围邻居的行为也会对一个人的行为偏好形成产生影响，存在相当的关联性。所以，可概括为在行为群体内部发生垂直转移时，某种行为群体规模的增长率大致与其行为群体规模本身成正比。在行为博弈中，那些选择期望竞争价值较低的人更容易被汰选机制转型或淘汰。在期望竞争价值较低的行为群体中，工具型成员通常在试错后会应用选择理性进行判断，放弃原来的行为，选择竞争价值，同时也是主观价值较高的行为；而那些内在型成员持续选择"错误"的行为，最终一定会超出汰选机制的"容忍"限度，被"清除"，从而发生行为群体间的水平转移。结果是，那些有较高竞争价值期望支付的行为群体更不容易被淘汰和有利于规模扩展。故某种行为群体规模的增长率与竞争价值期望支付呈正相关。这样，某种行为群体规模的增长率与行为群体规模和竞争价值期望支付呈正相关，这里将简化为两者成正比即

$$\frac{\mathrm{d}n_i}{\mathrm{d}t} = k_i n_i \pi_i$$

假定式中各种行为群体的相对增长率与竞争价值期望支付的比例 k_i 相等。那么，可推导出行为范式变迁的符合复制者动态方程为

$$\frac{\mathrm{d}s_i}{\mathrm{d}t} = s_i(\pi_i - \bar{\pi}) = \sum_{i \neq j} s_i s_j (\pi_i - \pi_j)$$

其中，n_i 是选择行为 i 群体的规模，s_i 是选择行为 i 群体在总体中的比重，π_i 是选择行为 i 的期望竞争价值，$\bar{\pi}$ 是总体的平均期望竞争价值。证明过程与生物学中种群复制者动态方程类似（Binmore，1992；Samuelson，1997）。

在竞争环境不变的情况下，π_i 为常数。相反，如果竞争环境会发生变化的话，π_i 就不再是常数了。然而，在现实中，行为群体的频数不仅受博弈支付的影响，而且可以影响某些状态变量，通过状态变量反作用于博弈支付。例如行为群体规模会影响行为环境，那么，π_i 就是 n_j 的函数。这样就构成了博弈行为与其外部环境之间的相互作用。

六、自然状态

自然状态（the state of nature）是社会契约论中的一个重要概念。在众多文献中，关于自然状态的描述千差万别，没有一个统一的定义。不过，这些文献大体上将其定义为政治社会形成前的一种社会形态，即不存在任何人为设计制度，也没有任何政治权威的非政治状态（莱斯诺夫，2005）。处于这种状态的社会没有国家和法律。人们将其看成是产权、制度，乃至政治科层等社会安排的起点。

关于自然状态的描述，最有代表性的，有霍布斯丛林、卢梭荒野（或伊甸园）和洛克社会（或公民社会）等。

卢梭（2002）将自然状态描述成"无善恶而自由"的社会。在卢梭荒野中，人们"形单影只，懒惰闲散"、"自由自在，随心所欲"、无道德、无义务、无善恶，不过有怜惜之心，绝不伤害同类。人们没有也无需财产和暴力。即使后来由于生产技术发展、人的能力开发和人口增长，出现了个人财富的积累，产生了私有财产，并进而导致社会财富分配的不平等，出现了"富人"和"穷人"，在卢梭的文献中也没有提及在富人设计诱骗穷人签订了一个保护私有财产的社会契约前，人们是如何处置财富和资源的使用和收益的。不过根据当时人们"随心所欲"和"怜惜之心"的禀性看，他们会以"公共财产"的方式对待财富和资源。这完全可以看成是一幅人类蛮荒混沌时期伊甸园的景象。

霍布斯（2003）将自然状态描述成"强力决定权力"的社会。在霍布斯丛林中，"自然赋予每个人在所有东西和事务上的权利"，"所有人都有为害人的意愿"，且"过分自负和对自己力量的高估"。由于竞争、猜疑和荣誉，人们相互之间不停地争斗，生命和财富只能依靠个人的暴力和暴力潜能来保护，整个社会陷入了所谓"人人相互为敌的战争"（霍布斯，2003）。

洛克（2005）将自然状态描述成"有财产无政府"的社会。在洛克社会里，人们大多已经是土地所有者，他们成功占有或继承了动产或地产，过着"无强制，非放纵"的生活。在洛克社会里，已经确立了一个相互保护生命和产权的社会契约（也许只是一个默约）和相应的社会共同体。但是，洛克社会没有政府，甚至没有政治权威，用所谓"自然法""约束所有的人不侵犯他人的权利，不互相伤害"。人人享受平等的权利，"每人都有权惩罚违反自然法的人"。这种社会共同体是建立在自由公民或社会机构自愿组成的基础上的。所以，洛克社会也可以称为公民社会（civil society）。

七、"应该"不等于"愿意"

卢梭、霍布斯和洛克等对自然状态的认识有很大偏差，甚至完全相反。不过他们都认为自然状态是不完善或不稳定的。于是在理性昭示下，人们通过缔结"社会契约"的方式，控制各自的行为，构建具有高效权威引导的政治社会。

在卢梭荒野人的身上更多的是动物性，而非社会性。前期资源十分丰富，生产技术却相当低下。大部分用于消费，不太可能剩余下来多少财富。人们无需暴力，更不会去伤害同类。即使后来随着生产技术的发展，他们可能拥有财富，但仍没有财产观念，更无需排他性产权。对于卢梭荒野中未开化的野蛮人来说，自然"永远做梦也不会想到"（休谟，1997）选择政治社会。因此，卢梭荒野绝不可能通过自身的公共选择实现政治社会。

霍布斯希望霍布斯丛林中的人应该"求助正确的理性（right reason），即自然法的指令"来走出丛林。根据他在《论公民》和《利维坦》中所描述的霍布斯丛林来看，"正确的理性"应该是指正确的社会进化理性。霍布斯将霍布斯丛林与政治社会作比较，用第三者的眼光判定不同社会之间的价值的优劣。然而，这种价值取向的优劣出自丛林中人们的意欲理性判断和评价的结果。从意欲理性方面看，"所有人都有为害人的意愿"。这种主观价值取向与走出丛林的目标是背道而驰的。从计算理性方面看，他们"过分自负和高估自己力量"。这种计算偏差也进一步助长了暴力倾向。因此，这时丛林中的绝大部分人不具有"企图走出丛林"的共识，也就不会有选择走出丛林的行动动机。政治社会只是霍布斯本人期望丛林中人"应该"选择的社会形态，而非丛林中人"愿意"选择的社会形态。也就是说，政治社会也不是丛林中人可以通过某种公共选择方式来选择和实现的。

与卢梭荒野和霍布斯丛林不同，洛克社会已经是一个公民社会。在洛克社会中，人们已经"缔结了稳定财产占有、互相约束、互相克制的协议"（休谟，1997）。但是这种公民社会有三大缺陷："缺少一种确定的、规定了的、众所周知的法律，以共同的同意接受和承认为是非的标准和裁判他们之间一切纠纷的共同尺度"，"缺少一个有权依照既定的法律来裁判一切争执的知名的和公正的裁判者"，"往往缺少权力来支持正确的判决，使它得到应有的执行"（洛克，2005）。所以，正是要克服这些缺陷的需求，人们才能根据自己的意欲理性选择某种具有高效权威领导的政治社会。

综上所述可知，根据意欲理性相容原理，卢梭荒野和霍布斯丛林等非洛克社会的自然状态都不可能通过自身的公共选择方式来实现政治社会。要实现政治社会必须要从公民社会开始。

八、从卢梭荒野和霍布斯丛林到洛克社会

（一）卢梭荒野和霍布斯丛林的不稳定

尽管卢梭荒野和霍布斯丛林都不会通过自身的公共选择实现政治社会，但是，在一定的历史常态变迁的技术条件下，卢梭荒野和霍布斯丛林必然会向洛克社会演进，再由洛克社会向政治社会转变。

下面的故事就从卢梭荒野开始：在一片可以"自由进入"的辽阔草原上，散布着许

多面积相等且水草条件较好的牧场。随着季节和使用强度的变化，这些牧场与质量较差的草地可以相互转化。例如，一块牧场经过较长时间"超载"放牧以后，会变成质量较差的草地，而一块质量较差的草地经过较长时间闲置"生息"后可以变成牧场。牧民们每个时期都在逐水草而居。牧场总是稀缺的，牧民需要通过搜寻才能找到，并要付出保护的努力才能获得它的暂时使用。经常会有几个牧民或部落竞争同一牧场的情况。为了简便起见，这里假定为两个牧民。一个牧民先发现，并占据了一块牧场。在牧场变成质量较差的草地前，又有另一个牧民也发现了这块牧场，并且也想进来放牧。于是，双方开始了竞争的博弈。博弈行为选择取决于博弈者的性格。

卢梭荒野起初人口稀少，资源丰富，预设两人合用一块牧场带来的"公地灾害"成本也很低。人们最初生活在这种自然状态下，"人人不受束缚"，"几乎觉察不出不平等现象存在"（卢梭，2002）。"在自然状态下，人与人之间似乎既没有任何伦理方面的联系，也没有明确的义务。因此，他们既不可能好，又不可能坏，既没有恶，又没有善"（卢梭，2002）。人性处于混沌状态。卢梭荒野的社会行为群体为鸽群体。鸽群体成员的行为特征是：在进入已有人先占的牧场时，首先会要求与对方分享牧场，如遇到拒绝，则会退让；在先占情况下，遇到强行独占者，也会退让；遇到分享者，会同意分享。由于人们的主观价值取向与政治社会目标不相容，卢梭荒野自然也就不可能用公共选择方式实现政治社会。后来，随着人口增长、人地矛盾的尖锐，异化出一小撮"强悍好斗"的鹰群体。鹰群体成员的行为特征是：在进入已有人先占的牧场时，会用武力驱逐对方，企图独占牧场；在先占情况下，遇到强行入侵者，自然会用武力相迎，驱逐对方。于是在这个草原上展开了一场鹰鸽博弈。

假定在牧场里生活的人能获得较好的生活水准，可以扩大人口再生产，有利于相关行为群体规模扩张；在其他质量较差的草地上也能生存，只是生活水准较低，难以扩大人口再生产，相关行为群体规模保持不变。牧场的社会竞争价值租金为 v（>0），战斗失败的竞争价值代价为 c。假定牧场的竞争价值租金一方面随面积缩小而降低，另一方面随生产技术提高而增加，大体保持不变。战斗失败的竞争价值代价主要为伤亡，由于双方的战斗技能都在提高，代价大致也是一个常数。

当鸽遇到鸽时，共享一块牧场，共享牧场会带来"公地灾害"成本，这种成本自然与租金本身呈正相关，与牧场面积呈递减关系，而上假设牧场面积又是随人口增加而减少的，故成本与人口呈递减关系，这里简化为 $v\exp(-1/N)$，其中，N 是总人口。这时每人的期望支付为 $v(1-\exp(-1/N))$。当鸽遇到鹰时，总是退却，这时鸽的期望支付为 0，鹰的期望支付为 v。当鹰遇到鹰时，每人获胜的概率为 1/2，期望支付为 $(v-c)/2$。博弈矩阵如表 1 所示。

表 1　鸽鹰博弈的支付（参与者的支付行排列）

	鸽	鹰
鸽	$v(1-\exp(-1/N))$	0
鹰	v	$(v-c)/2$

各个行为群体的期望支付为

$$\pi_{\mathrm{p}} = s_{\mathrm{p}}v(1 - e^{-\frac{1}{N}}) + s_{\mathrm{e}}0$$

$$\pi_{\mathrm{e}} = s_{\mathrm{p}}v + s_{\mathrm{e}}\left(\frac{v - c}{2}\right)$$

相对应总体的平均支付为

$$\bar{\pi} = s_{\mathrm{p}}\pi_{\mathrm{p}} + s_{\mathrm{e}}\pi_{\mathrm{e}}$$

其中，s_{p} 和 s_{e} 分别表示鸽鹰占总体的比重，π_{p} 和 π_{e} 分别表示鸽鹰群体的期望支付。

这样，我们就可以得到复制者动态方程，即

$$\frac{\mathrm{d}s_{\mathrm{p}}}{\mathrm{d}t} = s_{\mathrm{p}}(\pi_{\mathrm{p}} - \bar{\pi}) = 0.5s_{\mathrm{p}}(1 - s_{\mathrm{p}})\left[c - v - \left(c - v + 2v\exp\left(-\frac{1}{N}\right)\right)s_{\mathrm{p}}\right] = fp(s_{\mathrm{p}}, N)$$

假定人口增长不受自然出生率影响，而受社会总竞争价值制约，故人口的增长方程为

$$\frac{\mathrm{d}N}{\mathrm{d}t} = m\bar{\pi}N = m\left[s_{\mathrm{p}}v(1 - s_{\mathrm{p}}e^{-\frac{1}{N}}) + (1 - s_{\mathrm{p}})^2\frac{v - c}{2}\right]N = fN(s_{\mathrm{p}}, N)$$

其中，m 是一个正常数。

这里将上述复制者动态方程，加上人口增长方程，合称微分方程组（1）。

显然战败者不可能享受后来欧洲骑士战俘的待遇，通常要遭受杀戮。从社会竞争价值的角度来评价，此时，就有 $v < c$，可以根据定理 1 来证明（详见附录），微分方程组（1）只有 $((c-v)/(c+v)，+\infty)$ 是稳定均衡解，即平衡时鸽鹰的比重与起始状态无关，仅与 v 和 c 有关。至于 $v < c$ 的原因大致有以下两种：一是鹰者短命，在自身文化传给下一代的竞争中处于劣势；二是多数人恐惧死亡，放弃了工具型的争斗。

我们可以用 Matlab 软件对微分方程组（1）进行模拟运算，得到图 1，说明卢梭荒野移入少量鹰群体后没有其他有效新群体移入（或变异出）的演化过程。

从图 1 中，我们可以看到，随着时间的推移，鸽鹰的比重会趋于一个固定的比例。于是卢梭荒野就演化成为了一个鹰鸽混居的社会（也是一种自然状态）。

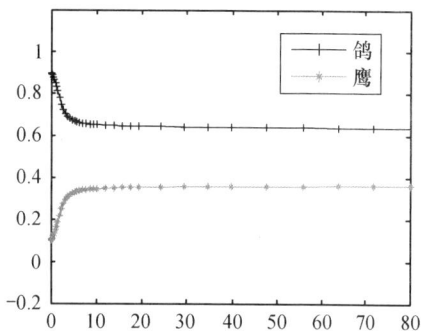

图 1　卢梭荒野向鹰鸽混居社会演化图

下面的故事就从霍布斯丛林开始：这个草原最初是一个只有人、草场、技术、传统和武力，但没有政府和法院的世界；在这个社会里几乎每个牧民的性格都十分强悍好斗；人们常常为了争夺牧场，陷入"人人相互为敌的战争"（霍布斯，2003）；争斗使人们处于"暴力死亡的恐惧和威胁之中"，生活变得"孤独、贫穷、污秽、野蛮愚昧和短寿"（霍布斯，2007）；在异化出一小撮"胆小怕事，逆来顺受"的鸽行为群体后，也会向鹰鸽混居的社会演化。

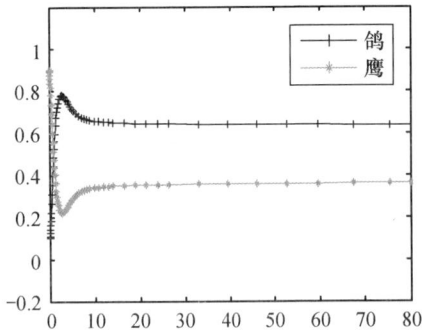

图 2　霍布斯丛林向鹰鸽混居社会演化图

我们同样可以用图 2 模拟出在霍布斯丛林移入少量鸽群体后，在没有其他有效新群体移入（或变异出）情况下的演化过程。

从图 2 中我们可以看到，随着时间的推移，鸽鹰的比重也会趋于一个固定的比例。于是卢梭荒野就演化成了一个鹰鸽混居的社会。

这个例子足以说明在 $v < c$ 情况下，卢梭荒野和霍布斯丛林都是相当不稳定的。显然，鸽群体能够生存下来不是依靠努力争夺优质资源，而是得益于鹰群体自身争斗的损失。在鹰鸽混居的社会里，人们只能依靠自己的暴力（或暴力潜能）、运气和别人的忍让获得对资源的暂时控制。如前所述，鹰鸽两种行为群体都没有"意愿"去寻求资源产权和政治社会，所以，鹰鸽混居的自然状态也不会选择政治社会。政治社会是产权保障需求的产物，是建立在社会普遍认同的基础之上的。

（二）洛克社会的形成

推想在卢梭荒野或霍布斯丛林或鹰鸽混居社会中，入侵或变异出一种叫"鹏"的行为群体——认同资源"先占权"的群体，通过竞争演化，逐渐淘汰鹰、鸽群体，进而产生所谓资源产权和洛克的契约社会，最终走向现代政治社会。

鹏群体成员的行为特征是：坚决遵守"先占权"原则，当发现已有人先占的牧场，自觉不进入；在先占牧场的情况下，遇到强行入侵者，则会团结其他鹏群体成员，与入侵者争斗，驱逐对方。其他未受威胁鹏的成员未必都会自觉直接参加战斗，但他们至少是同情自己的同伴，可以提供信息、救护等方面的帮助，提高直接战斗者取胜的概率。

假设先占状态是明晰的（即排除同时进入的情况），并且在任何交往中，配对双方成为先占者的概率是相同的。当鹏遇到鹏或鸽时，每人有一半时候是先占者，每人（在该种博弈组合中）的期望支付为 $v/2$。当鹏遇到鹰时，有一半时候不是先占者，会自动退却，从而避免战斗；另一半时候鹏是先占者，遇到入侵的鹰就要招呼其他（不一定是全部）鹏与鹰战斗，取胜的概率与鹏的比重 s_r 呈正相关，这里简化为 $(1 + h s_r)/2$，其中，$0 < h \leqslant 1$，为一个鹏群体默式联盟内部克服机会主义的系数。这时鹏的期望支付为 $(v - c)/4 + (v + c) h s_r/4$，鹰的期望支付为 $(3v - c)/4 - (v + c) h s_r/4$。博弈矩阵如表 2 所示。

表 2　鹏鸽鹰博弈的支付（参与者的支付行排列）

	鸽	鹰	鹏
鹏	$v/2$	$v/2$	$[v - c + s_r h (v + c)]/4$
鸽	$v/2$	$v(1 - \exp(-1/N))$	0
鹰	$[3v - c - s_r h (v + c)]/4$	v	$(v - c)/2$

各个行为群体的期望支付为

$$\pi_r = s_r\left(\frac{v}{2}\right) + s_p\left(\frac{v}{2}\right) + s_e\left[\frac{v-c+s_r h(v+c)}{4}\right]$$

$$\pi_p = s_r\left(\frac{v}{2}\right) + s_p v(1-e^{-\frac{1}{N}}) + s_e 0$$

$$\pi_e = s_r\left[\frac{3v-c-s_r h(v+c)}{4}\right] + s_p v + s_e\left(\frac{v-c}{2}\right)$$

相对应总体的平均支付为

$$\underline{\pi} = s_r\pi_r + s_p\pi_p + s_e\pi_e$$

根据上述复制者动态模型我们可得

$$\frac{ds_r}{dt} = s_r(\pi_r - \underline{\pi}) = s_r s_p(\pi_r - \pi_p) + s_r s_e(\pi_r - \pi_e)$$

$$= s_r s_p\left(s_p\left(e^{-\frac{1}{N}} - \frac{1}{2}\right)v + s_e\left(\frac{v-c+s_r h(v+c)}{4}\right)\right)$$

$$+ s_r s_e\left(s_r\left(\frac{-v+c+s_r h(v+c)}{4}\right) - s_p\left(\frac{v}{2}\right) + s_e\left(\frac{-v+c+s_r h(v+c)}{4}\right)\right)$$

$$\frac{ds_p}{dt} = s_p s_r\left(s_p\left(\frac{1}{2} - e^{-\frac{1}{N}}\right)v + s_e\left(\frac{-v+c-s_r h(v+c)}{4}\right)\right)$$

$$+ s_p s_e\left(s_r\left(\frac{-v+c+s_r h(v+c)}{4}\right) - s_p v e^{-\frac{1}{N}} + s_e\left(\frac{-v+c}{2}\right)\right)$$

$$\frac{ds_e}{dt} = s_e s_r\left(s_r\left(\frac{v-c-s_r h(v+c)}{4}\right) + s_p\left(\frac{v}{2}\right) + s_e\left(\frac{v-c-s_r h(v+c)}{4}\right)\right)$$

$$+ s_e s_p\left(s_r\left(\frac{v-c-s_r h(v+c)}{4}\right) + s_p v e^{-\frac{1}{N}} + s_e\left(\frac{v-c}{2}\right)\right)$$

设复制者动态方程的右边分别为 $F_r(s_r, s_p, s_e)$、$F_p(s_r, s_p, s_e)$ 和 $F_e(s_r, s_p, s_e)$。

这里将上述 3 个复制者动态方程（如果加上 $s_r + s_p + s_e = 1$ 后，其中只有两个是相互独立的），加上人口增长方程，合称方程组（2）。

同样，我们可以用定理 2 来证明，当 $v < c$ 时，方程组（2）只有（1，0，0，+∞）是稳定均衡解（详见附录）。这里我们同样也可以用 Matlab 软件对方程组（2）进行模拟运算，得到图 3，说明鹰鸽混居社会移入少量鹏群体后的演化过程。

从图 3 中，我们可以看到，一个鹰鸽混居社会，一旦出现鹏群体后，鹰被击败的概率增大，群体比重迅速降低。随着鹰群体的萎缩趋向于 0，鸽群体的比重会在竞争中搭便车而提

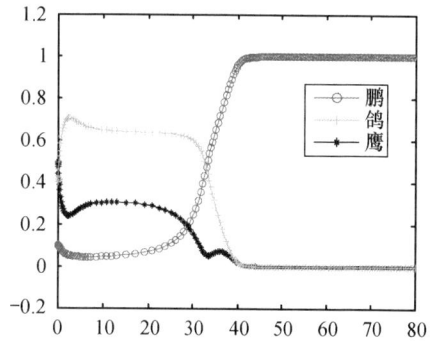

图 3 鹰鸽混居社会向产权共同体演化图

高（可以将鸽的策略看成是暂时性均衡策略）。但随着人口增加而导致的"公地灾害"损失变大，鸽群体的比重也会萎缩趋向于 0，形成鹏式社会，即洛克社会。

当然，鹰鸽混居社会的过渡不是走向鹏式社会的必要条件，我们同样可以证明在卢梭荒野和霍布斯丛林里，出现鹏群体后也会走向洛克社会。洛克社会的形成标志着"先占权"已成为一种社会共识。对于"先占权"保护的共识也就是被后人称之为"自然法"的东西。它是占有和使用资源权利形成之根本。竞争形成的保护资源"先占权"默式联盟也就是正式共同体形成的基础。从卢梭荒野、鹰鸽混居社会和霍布斯丛林等自然状态向洛克社会演化是一种自由秩序扩展的过程，是"不知不觉地逐渐形成的"（休谟，2005）。

从卢梭荒野、霍布斯丛林到洛克社会的过程就是一个产权产生过程。自然法和社会共同体是伴随这种竞争演化而确立的。这是一个在个人与个人默契基础上自由扩展起来的社会契约，其内容也仅是相互承认对方的生命和财产，而不涉及任何政府，可称为第一社会契约。但是，在执行第一社会契约中存在三大缺陷（即无明文规定之法律，无公正之裁判者，无权力保障判决之执行），效率低下。所以全社会产生了建立政治社会的愿望。于是社会又开始企图确立某种政治社会来克服低效率问题。经过演化竞争，公民与政府的社会契约就产生了，这可称为第二社会契约。至于选择何种政治社会，不但取决于这个社会本身的文化背景，而且还受到其他共同体的竞争的影响。共同体选择何种政治社会或许是历史的偶然。

九、结论与探索

与科斯、诺斯和张五常等交易成本经济学家的著作的相异之处是本文没有从社会交易成本的角度去探索产权产生的原因，而力图用哈耶克的社会秩序自发演化的原理来说明自然状态的更替和产权的起源。本文在分析产权产生过程中使用了产权博弈理论的工具。但是，与宾默尔、萨格登、肖特、鲁宾斯坦乃至格瑞夫等的经典博弈产权产生理论不同，本文未选用经典博弈论作为分析工具，而是按照鲍尔斯、金迪斯等桑塔费学派学者的思路，选用演化博弈论分析产权的产生。不过，与传统的演化博弈论相比，本文也进行了必要的扩展，即允许博弈不仅可以改变行为群体结构，而且能够影响竞争（博弈）环境（这里为博弈的支付矩阵）本身。经过分析，本文得到以下一些基本结论：

（1）人类的行为主要受控于意欲理性，但是受竞争汰选机制的制约。竞争汰选机制会对社会的意欲理性进行筛选，一些与社会竞争价值相悖的主观价值将会淘汰，产生社会意欲理性趋同化的趋势。

（2）一种行为范式的产生完全取决于相应的竞争环境。行为范式会在行为博弈竞争的作用下演化，行为博弈不但可以改变社会行为范式，而且能够改变竞争环境，进而产生行为范式-环境的系统演进。洛克社会就是这种竞争博弈的产物。

（3）由于意欲理性不相容，卢梭荒野和霍布斯丛林等自然状态下的行为群体都无法通过自身的意欲理性公共选择出政治社会，进而摆脱种种不便和灾难。不过，在常态历史演进技术条件（即 $v < c$）下，卢梭荒野和霍布斯丛林等自然状态都会向洛克社会演

变。再由洛克社会公共选择出政治社会。

在本文写作过程中，许多新异问题一齐袭来。一些与本文密切相关的问题已尽作者之能反映在文章当中。另一些关系不大但又很重要，或者作者本人至今无法解决的问题想提出来供有兴趣的同行进行探索：

（1）如何确定一种竞争博弈行为的社会竞争价值。对于一些受意识形态影响较少的经济领域，此问题相对容易解决。如厂商竞争领域可以选择利润作为其社会竞争价值。但是，在一些受意识形态影响较多的社会竞争领域，如伊斯兰圣战，行为的社会竞争价值既不同于生物学上生物的生存价值，也不同于经济学上的利润。它与意识形态相互作用，构成复杂性问题。它们之间的相互作用机制有待于进一步探索。

（2）洛克社会怎样向政治社会演化。洛克社会形成了彼此承认对方生命和财产的社会契约。这种契约可称为第一社会契约。但是，在执行第一社会契约的过程中存在三大缺陷。所以全社会产生了建立政治社会的愿望。至于如何进行公共选择及确定何种政府，不但取决于这个社会本身的文化背景，而且还受到其他共同体竞争的影响。这些不同情境下的演化又是一个值得进一步探索的问题。

（3）不同社会（或国家）之间竞争的社会演进价值的确定。社会演进价值肯定不会像所谓的综合国力那样简单，这也是一个值得进一步探索的问题。

附　录

引理　证明方程组

$$\frac{dx}{dt} = -Ax + Ky + \varphi(x, y)$$

$$\frac{dy}{dt} = -By^2 + \varphi(x, y)$$

当 $t \to +\infty$，$y_0 \in (0, +\infty)$ 时，在 $(0, 0)$ 处稳定。其中，$A > 0$，$B > 0$；$\varphi(x, y) = o(r)$，$\varphi(x, y) = o(r^2)$，$r = |x| + |y|$。

证明：

先来讨论 $K > 0$ 的情况。

根据 $\varphi(x, y) = o(r)$ 和 $\varphi(x, y) = o(r^2)$，可以得到：$\forall 0 < \varepsilon < 1$，$k$，$\exists \delta > 0$，使当 $r < \delta$ 时，$|\varphi(x, y)| < \varepsilon r$，和 $|\varphi(x, y)| < \varepsilon r^2$。故当 $r < \delta$ 和 y，$y_0 > 0$ 时，有

$$(1 - \varepsilon)Bdt < -\frac{dy}{y^2} < (1 + \varepsilon)Bdt \Rightarrow (1 - \varepsilon)Bt < \frac{1}{y} - \frac{1}{y_0} < (1 + \varepsilon)Bt$$

$$\Leftrightarrow \frac{B}{(1 + \varepsilon)t + c} < y < \frac{B}{(1 - \varepsilon)t + c}$$

其中，$c = \dfrac{1}{y_0}$。

$$\therefore 0 = \lim_{t \to +\infty} \frac{B}{(1 + \varepsilon)t + c} \leqslant \lim_{t \to +\infty} y \leqslant \lim_{t \to +\infty} \frac{B}{(1 - \varepsilon)t + c} = 0$$

另外，当 x，$x_0 > 0$ 时，有

$$-(1 + \varepsilon)Ax + \frac{(K - \varepsilon)B}{(1 + \varepsilon)t + c} < \frac{dx}{dt} < -(1 - \varepsilon)Ax + \frac{(K + \varepsilon)B}{(1 - \varepsilon)t + c}$$

由 $\dfrac{dx}{dt} < -(1 - \varepsilon)Ax + \dfrac{(K + \varepsilon)B}{(1 - \varepsilon)t + c}$ 可知：

$$e^{(1-\varepsilon)At}\frac{dx}{dt} + (1 - \varepsilon)Ae^{(1-\varepsilon)At}x < \frac{(K+\varepsilon)B}{(1-\varepsilon)t + c}e^{(1-\varepsilon)At} \Leftrightarrow \frac{d(e^{(1-\varepsilon)At}x)}{dt} < \frac{(K+\varepsilon)B}{(1-\varepsilon)t + c}e^{(1-\varepsilon)At}$$

所以 $\displaystyle\int_0^t d(e^{(1-\varepsilon)At}x) < \int_0^t \frac{(K+\varepsilon)B}{(1-\varepsilon)\tau + c}e^{(1-\varepsilon)At}d\tau \Leftrightarrow e^{(1-\varepsilon)At}x < \int_0^t \frac{(K+\varepsilon)B}{(1-\varepsilon)\tau + c}e^{(1-\varepsilon)At}d\tau + x_0$

$$\Leftrightarrow x < e^{-(1-\varepsilon)At}\left(\int_0^t \frac{(K+\varepsilon)B}{(1-\varepsilon)\tau + c}e^{(1-\varepsilon)At}d\tau + x_0\right)$$

同理，可证 $e^{-(1+\varepsilon)At}\left[\displaystyle\int_0^t \frac{(K-\varepsilon)Be^{(1+\varepsilon)At}}{(1+\varepsilon)\tau + c}d\tau + x_0\right] < x$

即 $e^{-(1+\varepsilon)At}\left[\int_0^t \dfrac{(K-\varepsilon)Be^{(1+\varepsilon)A\tau}}{(1+\varepsilon)\tau+c}d\tau+x_0\right] < x < e^{-(1-\varepsilon)At}\left[\int_0^t \dfrac{(K+\varepsilon)Be^{(1-\varepsilon)A\tau}}{(1-\varepsilon)\tau+c}d\tau+x_0\right]$

因此，根据洛必达法则有

$$\lim_{t\to+\infty} e^{-(1+\varepsilon)At}\left[\int_0^t \frac{(K-\varepsilon)Be^{(1+\varepsilon)A\tau}}{(1+\varepsilon)\tau+c}d\tau+x_0\right] \leqslant \lim_{t\to+\infty} x$$

$$\leqslant \lim_{t\to+\infty} e^{-(1-\varepsilon)At}\left[\int_0^t \frac{(K+\varepsilon)Be^{(1-\varepsilon)A\tau}}{(1-\varepsilon)\tau+c}d\tau+x_0\right]$$

$$\Rightarrow 0 = \lim_{t\to+\infty} \frac{\dfrac{(K-\varepsilon)Be^{(1+\varepsilon)At}}{(1+\varepsilon)t+c}}{(1+\varepsilon)Ae^{(1+\varepsilon)At}} \leqslant \lim_{t\to+\infty} x \leqslant \lim_{t\to+\infty} \frac{\dfrac{(K+\varepsilon)Be^{(1-\varepsilon)At}}{(1-\varepsilon)t+c}}{(1-\varepsilon)Ae^{(1-\varepsilon)At}} = 0$$

同理，可以证明，其他 x，x_0 的情况下，也有存在相应 $\delta'>0$，使当 $r<\delta'$ 时，$\lim\limits_{t\to+\infty} x=0$ 和 $\lim\limits_{t\to+\infty} y=0$。同理，还可以证明，$K\leqslant 0$ 的情况。

定理 1：当 $v<c$ 时，微分方程组

$$\frac{ds_p}{dt} = 0.5s_p(1-s_p)\left[c-v-\left(c-v+2v\exp\left(-\frac{1}{N}\right)\right)s_p\right] = fp(s_p,N)$$

$$\frac{dN}{dt} = m\left[vs_p\left(1-s_p\exp\left(-\frac{1}{N}\right)\right)+0.5(v-c)(1-s_p)^2\right]N = fN(s_p,N)$$

$((c-v)/(c+v)$，$+\infty)$ 是 $t\to+\infty$ 时，唯一稳定均衡解。

证明：

在上述微分方程组（下面将其简称为微分方程组 A）中，所有的均衡解有 $(0，0)$、$(1，0)$、$(0，+\infty)$、$(1，+\infty)$、$((c-v)/(c+v)$，$+\infty)$。

根据上面所设，有 $\dfrac{\partial fp}{\partial s_p}\bigg|_{\substack{s_p=0\\N\to0^+}} = \dfrac{c-v}{2}$，$\dfrac{\partial fp}{\partial N}\bigg|_{\substack{s_p=0\\N\to0^+}} = 0$，$\dfrac{\partial fN}{\partial s_p}\bigg|_{\substack{s_p=0\\N\to0^+}} = 0$，$\dfrac{\partial fN}{\partial N}\bigg|_{\substack{s_p=0\\N\to0^+}} = \dfrac{(v-c)}{2}m$。故根据 Perron 定理，可知 $(0，0)$ 不是微分方程组 A 的稳定均衡解。同理可证 $(1，0)$ 不是微分方程组的稳定均衡解。

最后来证明 $((c-v)/(c+v)$，$+\infty)$ 是方程组 A 的稳定均衡解。而 $(0，+\infty)$、$(1，+\infty)$ 等却不是微分方程组 A 的稳定均衡解。为此，这里作一个变量转换，令 $Z=1/N$。微分方程组 A 中的最后一个方程就转换为

$$\frac{dZ}{dt} = -m\left[vs_p(1-s_p\exp(-Z))+0.5(v-c)(1-s_p)^2\right]Z = fZ(s_p,Z)$$

这里将新方程组简称为微分方程组 B，上面问题也转化为证明 $((c-v)/(c+v)$，$0)$ 是微分方程组 B 的稳定均衡解。而 $(0，0)$、$(1，0)$ 等却不是微分方程组 C 的稳定均衡解。

另外，根据上面所设，我们就有：$\dfrac{\partial fp}{\partial s_p}\bigg|_{\substack{s_p=\frac{c-v}{c+v}\\Z\to0^+}} = -\dfrac{v(c-v)}{c+v}$，$\dfrac{\partial fp}{\partial Z}\bigg|_{\substack{s_p=\frac{c-v}{c+v}\\Z\to0^+}} =$

$$\frac{v^2\ (c-v)^2}{(c+v)^3},\quad \left.\frac{\partial fZ}{\partial s_p}\right|_{\substack{s_p=\frac{c-v}{c+v}\\Z\to 0^+}}=0,\quad \left.\frac{\partial fZ}{\partial Z}\right|_{\substack{s_p=\frac{c-v}{c+v}\\Z\to 0^+}}=0,\quad \left.\frac{\partial^2 fZ}{\partial s_p^2}\right|_{\substack{s_p=\frac{c-v}{c+v}\\Z\to 0^+}}=0,\quad \left.\frac{\partial^2 fZ}{\partial s\partial Z}\right|_{\substack{s_p=\frac{c-v}{c+v}\\Z\to 0^+}}=0,$$

$$\left.\frac{\partial^2 fZ}{\partial Z^2}\right|_{\substack{s_p=\frac{c-v}{c+v}\\Z\to 0^+}}=-\frac{2mv\ (c-v)}{c+v}\,。$$

故根据泰勒公式将微分方程组 C 可以写为

$$\frac{\mathrm{d}s_p}{\mathrm{d}t}=-\frac{v(c-v)}{c+v}\left(s_p-\frac{c-v}{c+v}\right)+\frac{v^2(c-v)^2}{(c+v)^3}Z+\bar\omega(s_p,Z)$$

$$\frac{\mathrm{d}Z}{\mathrm{d}t}=-\frac{2mv(c-v)}{c+v}Z^2+\theta(s_p,Z)$$

其中，$R'=\left|s_p-\dfrac{c-v}{c+v}\right|+|Z|$，$\bar\omega(s_p,\ Z)=o(R')$，$\theta(s_p,\ Z)=o(R'^2)$。

这里令 $x=\left(s_p-\dfrac{c-v}{c+v}\right)$，$y=Z$，$A=\dfrac{v\ (c-v)}{c+v}>0$，$B=\dfrac{2mv\ (c-v)}{c+v}>0$ 和 $K=\dfrac{v^2\ (c-v)^2}{(c+v)^3}$。

于是微分方程组 B 就转换为微分方程组 C，即

$$\frac{\mathrm{d}x}{\mathrm{d}t}=-Ax+Ky+\varphi(x,y)$$

$$\frac{\mathrm{d}y}{\mathrm{d}t}=-By^2+\varphi(x,y)$$

其中，$R'=|x|+|y|$，$\varphi(x,\ y)=o(R')$，$\varphi(x,\ y)=o(R'^2)$。

上面问题也转化为证明（0，0）是微分方程组 C 的稳定均衡解。

而根据引理（见附录），（0，0）是微分方程组 C 的稳定均衡解，故 $((c-v)/(c+v)$，$+\infty)$ 是方程组 A 的稳定均衡解。另外，我们可以用 Perron 定理证明（0，0）和（1，0）都不是方程组 B 的稳定均衡解。

故 $((c-v)/(c+v)$，$+\infty)$ 是微分方程组 A 唯一稳定均衡解。

定理 2：当 $v<c$ 时，微分方程组

$$\frac{\mathrm{d}s_r}{\mathrm{d}t}=s_rs_p\left(s_p\left(\mathrm{e}^{-\frac{1}{N}}-\frac{1}{2}\right)v+s_e\left(\frac{v-c+s_rh(v+c)}{4}\right)\right)$$
$$+s_rs_e\left(s_r\left(\frac{-v+c+s_rh(v+c)}{4}\right)-s_p\left(\frac{v}{2}\right)+s_e\left(\frac{-v+c+s_rh(v+c)}{4}\right)\right)$$
$$=Fr(s_r,s_p,s_e,N)$$

$$\frac{\mathrm{d}s_p}{\mathrm{d}t}=s_ps_r\left(s_p\left(\frac{1}{2}-\mathrm{e}^{-\frac{1}{N}}\right)v+s_e\left(\frac{-v+c-s_rh(v+c)}{4}\right)\right)$$
$$+s_ps_e\left(s_r\left(\frac{-v+c+s_rh(v+c)}{4}\right)-s_pv\mathrm{e}^{-\frac{1}{N}}+s_e\left(\frac{-v+c}{2}\right)\right)$$
$$=Fp(s_r,s_p,s_e,N)$$

$$\frac{\mathrm{d}s_e}{\mathrm{d}t}=s_es_r\left(s_r\left(\frac{v-c-s_rh(v+c)}{4}\right)+s_p\left(\frac{v}{2}\right)+s_e\left(\frac{v-c-s_rh(v+c)}{4}\right)\right)$$

$$+ s_e s_p \left(s_r \left(\frac{v - c - s_r h (v + c)}{4} \right) + s_p v e^{-\frac{1}{N}} + s_e \left(\frac{v - c}{2} \right) \right)$$

$$= Fe(s_r, s_p, s_e, N)$$

$$\frac{\mathrm{d}N}{\mathrm{d}t} = m \left[s_r^2 \left(\frac{v}{2} \right) + s_r s_p v + s_r s_e \left(\frac{2v - c}{2} \right) + s_p^2 v (1 - e^{-\frac{1}{N}}) + s_p s_e v + s_e^2 \left(\frac{v - c}{2} \right) \right] N$$

$$= FN(s_r, s_p, s_e, N)$$

在满足条件为 s_r，s_p，s_e，$N \geqslant 0$，$s_r + s_p + s_e = 1$ 的均衡解中，只有 $(1, 0, 0,$ $+\infty)$ 是稳定均衡解。

证明：

下面我们来证明上述微分方程组（下面将其简称为方程组 A）中，$(*, *, 0, 0)$、$(*, 0, *, 0)$、$(0, *, *, 0)$、$(*, *, *, 0)$、$(*, *, 0, +\infty)$、$(*, 0, *, +\infty)$、$(0, *, *,$ $+\infty)$、$(*, *, *, +\infty)$ 形式的关于 s_r、s_p 和 s_e 的有效均衡解中（其中，$*$ 表示大于 0，小于 1 的常数），只有 $(0, *, *, +\infty)$ 有解，且等于 $(0, (c - v)/(c + v),$ $2v/(c+v), +\infty)$。

当 $N \to 0^+$，$s_e = 0$ 时，微分方程组 B：$Fr(s_r, s_p, s_e, N) = 0$，$Fp(s_r, s_p, s_e,$ $N) = 0$，$Fe(s_r, s_p, s_e, N) = 0$，可简化为：$-0.5 s_r^2 s_p = 0$，$0.5 s_r s_p^2 = 0$，$s_r + s_p = 1$，即 $s_r = 0$，$s_p = 1$；或 $s_r = 1$，$s_p = 0$。故不存在 $(*, *, 0, 0)$ 形式的有效均衡解，同理可证不存在 $(*, 0, *, 0)$、$(0, *, *, 0)$ 和 $(*, *, *, 0)$ 形式的有效均衡解。

当 $N \to +\infty$，$s_r = 0$ 时，微分方程组 B 可简化为：$-s_p v + s_e \left(\frac{-v + c}{2} \right) = 0$，$s_p +$ $s_e = 1$ 中，解得：$s_p = \frac{c - v}{c + v}$ 和 $s_e = \frac{2v}{c + v}$。而当 $N \to +\infty$，$s_p = 0$ 时，从方程组 $s_r \left(\frac{-v + c + s_r h \ (v + c)}{4} \right) + s_e \left(\frac{-v + c + s_r h \ (v + c)}{4} \right) = 0$，$s_r + s_e = 1$。直接可得不能有有效解。即不存在 $(*, 0, *, +\infty)$ 形式的有效均衡解。同理可证，不存在 $(*, *, 0, +\infty)$ 和 $(*, *, *, +\infty)$ 形式的有效均衡解。

因此，在微分方程组 A 中，所有的均衡解有 $(1, 0, 0, 0)$、$(0, 1, 0, 0)$、$(0, 0, 1, 0)$、$(0,$ $(c-v)/(c+v), 2v/(c+v), 0)$、$(1, 0, 0, +\infty)$、$(0, 1, 0, +\infty)$、$(0, 0, 1, +\infty)$ 和 $(0, (c-v)/(c+v), 2v/(c+v), +\infty)$ 等。

再来证明 $(1, 0, 0, 0)$、$(0, 1, 0, 0)$、$(0, 0, 1, 0)$、$(0, (c-v)/(c-v), (0, 0) (0, (c-v)/(c+v), 2v/(c+v), 0)$ 等均衡解不稳定。

根据上面所设，有 $\left. \frac{\partial Fp}{\partial s_p} \right|_{\substack{s_p = 0 \\ s_e = 0 \\ N \to 0^+}} = -\frac{v}{2}$，$\left. \frac{\partial Fp}{\partial s_e} \right|_{\substack{s_p = 0 \\ s_e = 0 \\ N \to 0^+}} = 0$，$\left. \frac{\partial Fp}{\partial N} \right|_{\substack{s_p = 0 \\ s_e = 0 \\ N \to 0^+}} = 0$，$\left. \frac{\partial Fe}{\partial s_p} \right|_{\substack{s_p = 0 \\ s_e = 0 \\ N \to 0^+}} = 0$，

$\left. \frac{\partial Fe}{\partial s_e} \right|_{\substack{s_p = 0 \\ s_e = 0 \\ N \to 0^+}} = -\frac{c}{2}$，$\left. \frac{\partial Fe}{\partial N} \right|_{\substack{s_p = 0 \\ s_e = 0 \\ N \to 0^+}} = 0$，$\left. \frac{\partial FN}{\partial s_p} \right|_{\substack{s_p = 0 \\ s_e = 0 \\ N \to 0^+}} = 0$，$\left. \frac{\partial FN}{\partial s_e} \right|_{\substack{s_p = 0 \\ s_e = 0 \\ N \to 0^+}} = 0$ 和 $\left. \frac{\partial FN}{\partial N} \right|_{\substack{s_p = 0 \\ s_e = 0 \\ N \to 0^+}} = \frac{mv}{2}$。

故根据泰勒公式可将微分方程组写为

$$\frac{\mathrm{d}s_p}{\mathrm{d}t} = -\left(\frac{v}{2} \right) s_p + \theta_1(s_p, s_e, N)$$

$$\frac{\mathrm{d}s_e}{\mathrm{d}t} = -\left(\frac{c}{2}\right)s_e + \theta_2(s_p, s_e, N)$$

$$\frac{\mathrm{d}N}{\mathrm{d}t} = \left(\frac{mv}{2}\right)N + \theta_3(s_p, s_e, N)。$$

其中，$\theta_i(s_p, s_e, N) = o(R)$，$i = 1, 2, 3$，$R = |s_p| + |s_e| + |N|$，根据假设，$\left(\frac{mv}{2}\right)$ 大于 0。

故根据 Perron 定理，$(s_r, s_p, s_e, N) = (1, 0, 0, 0)$ 不是微分方程组的稳定均衡解。同理可证 $(0,1,0,0)$、$(0,0,1,0)$ 和 $(0, (c-v)/(c+v), 2v/(c+v), 0)$ 也不是微分方程组的稳定均衡解。

最后来证明 $(1,0,0,+\infty)$ 是微分方程组 A 的稳定均衡解。而 $(0,1,0,+\infty)$、$(0,0,1,+\infty)$ 和 $(0, (c-v)/(c+v), 2v/(c+v), +\infty)$ 等却不是微分方程组 A 的稳定均衡解。为此，这里作一个变量转换，令 $Z = 1/N$。方程组 A 中的最后一个方程就转换为

$$\frac{\mathrm{d}Z}{\mathrm{d}t} = -m\left[s_r^2\left(\frac{v}{2}\right) + s_r s_p v + s_r s_e\left(\frac{2v-c}{2}\right) + s_p^2 v(1 - e^{-Z}) + s_p s_e v + s_e^2\left(\frac{v-c}{2}\right)\right]Z$$

$$= FZ(s_r, s_p, s_e, Z)$$

这里将新微分方程组简称为微分方程组 C，上面问题也转化为证明 $(1,0,0,0)$ 是微分方程组 B 的稳定均衡解。而 $(0,1,0,0)$、$(0,0,1,0)$ 和 $(0, (c-v)/(c+v), 2v/(c+v), 0)$ 等却不是方程组 B 的稳定均衡解。

根据上面所设，有 $\left.\frac{\partial Fp}{\partial s_p}\right|_{\substack{s_p=0 \\ s_e=0 \\ Z\to 0^+}} = -\frac{v}{2}$，$\left.\frac{\partial Fp}{\partial s_e}\right|_{\substack{s_p=0 \\ s_e=0 \\ Z\to 0^+}} = 0$，$\left.\frac{\partial Fp}{\partial Z}\right|_{\substack{s_p=0 \\ s_e=0 \\ Z\to 0^+}} = 0$，$\left.\frac{\partial Fe}{\partial s_p}\right|_{\substack{s_p=0 \\ s_e=0 \\ Z\to 0^+}} = 0$，$\left.\frac{\partial Fe}{\partial s_e}\right|_{\substack{s_p=0 \\ s_e=0 \\ Z\to 0^+}} = -\frac{c}{2}$，$\left.\frac{\partial Fe}{\partial Z}\right|_{\substack{s_p=0 \\ s_e=0 \\ Z\to 0^+}} = 0$，$\left.\frac{\partial FZ}{\partial s_p}\right|_{\substack{s_p=0 \\ s_e=0 \\ Z\to 0^+}} = 0$，$\left.\frac{\partial FZ}{\partial s_e}\right|_{\substack{s_p=0 \\ s_e=0 \\ Z\to 0^+}} = 0$ 和 $\left.\frac{\partial FZ}{\partial Z}\right|_{\substack{s_p=0 \\ s_e=0 \\ Z\to 0^+}} = -\frac{mv}{2}$。

故根据泰勒公式可将方程组写为

$$\frac{\mathrm{d}s_p}{\mathrm{d}t} = -\left(\frac{v}{2}\right)s_p + 0(R)，\quad \frac{\mathrm{d}s_e}{\mathrm{d}t} = -\left(\frac{c}{2}\right)s_e + 0(R) \text{ 和 } \frac{\mathrm{d}Z}{\mathrm{d}t} = -\left(\frac{mv}{2}\right)Z + 0(R)。其$$

中，$R = |s_p| + |s_e| + |Z|$，根据假设，$-\left(\frac{v}{2}\right)$，$-\left(\frac{c}{2}\right)$ 和 $-\left(\frac{mv}{2}\right)$ 均小于 0，故根据 Perron 定理，$(s_r, s_p, s_e, Z) = (1, 0, 0, 0)$ 是微分方程组的稳定均衡解。

根据上面所设，有 $\left.\frac{\partial Fr}{\partial s_r}\right|_{\substack{s_r=0 \\ s_p=0 \\ Z\to 0^+}} = \frac{c-v}{4}$，$\left.\frac{\partial Fr}{\partial s_p}\right|_{\substack{s_r=0 \\ s_p=0 \\ Z\to 0^+}} = 0$，$\left.\frac{\partial Fr}{\partial Z}\right|_{\substack{s_r=0 \\ s_p=0 \\ Z\to 0^+}} = 0$，$\left.\frac{\partial Fp}{\partial s_r}\right|_{\substack{s_r=0 \\ s_p=0 \\ Z\to 0^+}} = 0$，$\left.\frac{\partial Fp}{\partial s_p}\right|_{\substack{s_r=0 \\ s_p=0 \\ Z\to 0^+}} = \frac{c-v}{2}$，$\left.\frac{\partial Fp}{\partial Z}\right|_{\substack{s_r=0 \\ s_p=0 \\ Z\to 0^+}} = 0$，$\left.\frac{\partial FZ}{\partial s_r}\right|_{\substack{s_r=0 \\ s_p=0 \\ Z\to 0^+}} = 0$，$\left.\frac{\partial FZ}{\partial s_p}\right|_{\substack{s_r=0 \\ s_p=0 \\ Z\to 0^+}} = 0$ 和 $\left.\frac{\partial FZ}{\partial Z}\right|_{\substack{s_r=0 \\ s_p=0 \\ Z\to 0^+}} = m\frac{c-v}{2}$。

故根据泰勒公式可将微分方程组写为

$$\frac{\mathrm{d}s_r}{\mathrm{d}t} = \left(\frac{c-v}{4}\right)s_r + 0(R)，\quad \frac{\mathrm{d}s_p}{\mathrm{d}t} = \left(\frac{c-v}{2}\right)s_p + 0(R) \text{ 和 } \frac{\mathrm{d}Z}{\mathrm{d}t} = m\left(\frac{c-v}{2}\right)Z + 0(R)。其$$

中，$R = |s_p| + |s_e| + |Z|$，根据假设，$c-v > 0$，故根据 Perron 定理，$(s_r, s_p, s_e,$

Z）＝（0，0，1，0）不是微分方程组 B 的稳定均衡解。同理可证，（0，1，0，0）和（0，$(c-v)/(c+v)$，$2v/(c+v)$，0）也不是微分方程组 B 的稳定均衡解。

故（1，0，0，$+\infty$）是微分方程组 A 唯一稳定均衡解。

参 考 文 献

阿玛蒂亚・森. 2006. 理性与自由. 北京：中国人民大学出版社. 33

布坎南. 2002. 财产与自由，北京：中国社会科学出版社

迪屈奇. 1994. 交易成本经济学. 北京：经济科学出版社

哈耶克. 2000. 致命的自负. 北京：中国社会科学出版社. 36

霍布斯. 2003. 论公民. 贵阳：贵州人民出版社. 8

霍布斯. 2007. 利维坦. 北京：中国社会科学出版社

莱斯诺夫. 2005. 社会契约论. 南京：江苏人民出版社. 19

卢梭. 2002. 论人类不平的起源和基础. 南宁：广西师范大学出版社. 109

卢梭. 2003. 社会契约论. 北京：商务印书馆. 4

罗利. 2007. 财产权与民主的限度. 北京：商务印书馆

洛克. 2005. 政府论（下册）. 北京：商务印书馆. 5

萨缪・鲍尔斯. 2006. 微观经济学：行为，制度和演化. 北京：中国人民大学出版社

斯通普夫等. 2009. 西方哲学史（修订第八版）. 北京：世界图书出版公司. 11-21

韦森. 2001. 社会秩序的经济分析导论. 上海：上海三联书店. 180-181

休谟. 1997. 人性论（下册）. 北京：商务印书馆. 528

Alchian A A. 1950. Uncertainty, evolution, and economic theory. The Journal of Political Economy, 58 (3)：211-221

Alchian A，Demesetz H. 1972. Production, information costs, and economic organization. American Economic Review, 62 (5)：777-795

Barzel Y. 1974. A theory of rationing by waitting. Journal of Law and Economics, 17 (1)：73-96

Barzel Y. 1982. Measurement cost and the organization of markers. Journal of Law and Economics, 25 (1)：27-48

Barzel Y. 1987. The entrepreneur's reward for self-policing. Economic Inquiry, 25 (1)：103-116

Binmore K，Samuelson L. 1999. Evolutionary drift and equilibrium selection. The Review of Economic Studies, 66 (2)：363-393

Binmore K. 1992. Fun and Games. Lexington，MA：D. C. Health

Bowles S，Choi J K. 2002. The First Property Rights Revolution. Santa Fe Institute Working Paper, ♯02-11-061

Bowles S，Gintis H，Osborne M. 2001. Incentive-enhancing preferences：personality, behavior, and earnings. The American Economic Review, 91 (2)：155-158

Bowles S. 1998. Endogenous preferences：the cultural consequences of markets and other Economic institutions. Journal of Economic Literature, 36 (1)：75-111

Cheung S. 1968. Private property rights and share cropping. Journal of Political Economy, 76 (6)：1107-1122

Clark A. 1997. Being There：Putting Brain, Body and world Together Again. Cambridge，MA：MIT Press

Coase R. 1937. The nature of the firm. Economica, 4 (3): 386-405

Coase R. 1960. The problem of social cost. Journal of Law and Economics, 3 (1): 1-44

Cubitt R P, Sugden R. 1998. The selection of preferences through imitation. The Review of Economic Studies, 65 (4): 761-771

Dequech D. 2001. Bounded rationality, institutions, and uncertainty. Journal of Economic Issues, 35 (4): 911-929

Elster J. 1989. Social norms and economic theory. Journal of Economic Perspectives, 3: 99-117

Elster J. 1996. Rationality and the emotions. The Economic Journal, 106 (438): 1386-1397

Friedman M. 1953. Essays in Pasitive Economics. Chicago: Chicago University Press

Greif A, Laitin D D. A. 2004. theory of endogenous institutional change. The American Political Science Review, 98 (4): 633-652

Greif A. 1994. Cultural beliefs and the organization of society: a historical and theoretical reflection on collectivist and individualist societies. The Journal of Political Economy, 102 (5): 912-950

Grossman S, Hart O. 1984. Vertical Integration and the Distribution of Property Rights. Mimeographed. Chicago: Univ. Chicago, Dept. Ecom

Harper D G C. 1982. Competitive foraging in mallards: ideal free ducks. Animal Behavior, 30: 575-584

Hart O, Moore J. 1990. Property rights and the nature of the firm. Journal of Political Economy, 98 (6): 1119-1158

Holmstrom B, Milgrom P. 1991. Muti-task principai-agent analysis. Journal of Law, Economics and Organization, 7 (special issue): 24-52

Klein B, Crawford R, Alchian A. 1978. Vertical integration, approriable rents, and the competitive contracting process. Journal of Law and Economics, 21 (2): 297-326

Maynard Smith J. 1974. The theory of games and the evolution of animal conflicts. Journal of Theoretical Biology, 47: 209-221

Maynard-Smith J, Price G. 1973. The logic of animal conflict, Nature 246 (2): 15-21

North D, Thomas R. 1973. The Rise of the Western World: A New Economic History. Cambridge: The University Press

North D. 1981. Structure and Change in Economic History. New York: Norton

Samuelson L. 1997. Evolutionary Games and Equilibrium Selection. Cambridge, MA: MIT Press

Satz D, Ferejohn J. 1994. Rational choice and social theory. Journal of Philosophy, 102 (9): 71-87

Schotter A, Sopher B. 2003. Social learning and coordination conventions in intergenerational games: an experimental study. The Journal of Political Economy, 111 (3): 498-529

Sen A. 1994. The formulation of rational choice. The American Economic Review, 84 (2): 385-390

Sen A. 1995. Rationality and social choice. The American Economic Review, 85 (1): 1-24

Simon H A. 1986. Rationality in psychology and economics. The Journal of Business, 59 (4): 209-224

Simon H. 1957. Models of Man. New York: John Wiley & Sons

Simon H. 1961. Administrative behavior (2d ed). New York: Macmillan

Stiglitz J. 1974. Incentive and risk sharing in sharecropping. Review of Economic Studies. 41 (2): 219-255

Stiglitz J. 1984. Price rigidities and market structure. American Economics Review 74 (2): 350-356

Sugden R. 1991. Rational choice: a survey of contributions from economics and philosophy. The Economic Journal, 101 (407): 751-785

Walsh V. 1994. Rationality as self-interest versus rationality as present aims. The American Economic Review, 84 (2): 401-405

Williamson O. 1975. Markets and Hierarchies: Analysis and Antitrust Implications. New York: Free Press

Williamson O. 1985. The Economic Institutions of Capitalism. New York: Free Press

马歇尔对创新经济学的思想贡献[①]

马歇尔对创新经济学的思想贡献[①]

马歇尔对创新经济学的思想贡献[①]

徐　尚[②]

摘　要： 马歇尔对创新经济学的思想贡献主要在于他对两个方面的关注：一是经济生物学，二是知识和组织。在马歇尔的经济生物学思想中，"渐进主义"的重点并不在于关注渐进创新，而是在于从一种过程和系统的视角理解创新及其所推动的经济发展；马歇尔的生存竞争思想则为说明创新的选择机制以及教育和创新投资不足提供了基础。马歇尔的创新体系思想以对知识与组织的研究为基础，他不仅考察了工业区和国家教育科研体系所分别代表的基于经验学习和基于正规科研的两类创新体系，考察了协会（企业间的联合组织）对促进创新的作用，而且还从创新体系角度讨论了后发国家的赶超以及后发优势问题。

关键词： 马歇尔　渐进主义　生存竞争　创新体系

JEL： F062　F091　F270

一、创新经济学中的"马歇尔传统"

安东内利于 2007 年在《创新经济学的基础》一文中提出了创新经济学在思想脉络上的四大传统，即斯密传统、熊彼特传统、马歇尔传统和阿罗传统。其中马歇尔传统（Marshall legacy）指的是对技术和结构变迁的演化主义理解。演化主义认为："创新是一个复杂演化系统的突现特征（emergent property）"，将创新理解为一种发生在局部环境下的以路径依赖和系统性的相互依赖为特征的不可逆的集体性过程的产物。安东内利认为，"马歇尔传统"的最新发展是复杂性思想在创新研究中的运用。对于马歇尔本人对"马歇尔传统"的贡献，安东内利主要归为运用生物类比或生物启发法，即马歇尔明确地将生物学的思想和概念引入了对经济过程和经济发展的理解。这主要包括有机体的机能演化（类比社会经济的分工协作发展）、生存竞争和自然选择、生命周期等。同时，马歇尔还明确宣称："经济学家的目标在于经济生物学，而不是经济力学"（Antonelli，2007；马歇尔，2006）。

[①] 本文系国家社会科学基金项目"马克思主义经济学方法论与批判实在论经济学方法论比较研究"（08BJL009）的阶段性研究成果。

[②] 徐尚，男，获中国人民大学经济学博士学位，天津财经大学讲师，主要研究兴趣集中于演化与创新经济学。

不过，安东内利虽然提出创新经济学中存在"马歇尔传统"，但就马歇尔的经济生物学思想对创新经济学所具有的直接思想价值而言，安东内利并未加以说明。而且正如安东内利、梅特卡夫、伦德瓦尔等创新和演化经济学家的研究所表明的，马歇尔对创新经济学的贡献并不仅仅局限于生物类比或所谓的"马歇尔传统"。他继承了斯密以来经济家关注经济进步的传统，对斯密传统、熊彼特传统、阿罗传统所分别代表的创新与增长、创新与竞争、创新与知识这些研究脉络都有贡献或论述（Antonelli，2007；Lundvall，2007）。在探索创新及其相关问题的过程中，马歇尔还提出和运用了外部经济和内部经济、知识的非排他性、创新的外部性、企业知识能力的多样性和互补性、人力资本和知识资本投资中的时间因素（时间贴现率或"对未来加以折扣的利率"）等多种重要的概念和分析工具。

本文认为，马歇尔对创新经济学的思想贡献主要在于他对两个方面的关注：一是经济生物学，二是知识和组织。在下面的内容中，本文将大致由这两个方面所构成的线索考察马歇尔对创新经济学的思想贡献。首先，本文将考察马歇尔经济生物学思想的两个关键概念——渐进主义和生存竞争，揭示二者所蕴含的创新思想。进而，本文将从马歇尔对知识与组织的认识出发，用主要篇幅考察马歇尔的创新体系思想。

二、渐进主义和生存竞争——马歇尔经济生物学思想的两个关键概念

（一）渐进主义

正如"自然是不能超越的"（natura non facit saltum）这一格言所表明的，"渐进主义"是马歇尔对于经济演化或经济发展的基本观点。长期以来，对于马歇尔的"渐进主义"的一种流行解释是，马歇尔只是强调经济演化的渐变性，却忽视或否定革命性的突变。而与这一解释的思路相同，在当代创新经济学界，马歇尔的"渐进主义"又被与渐进创新联系起来。当代国家创新体系研究的代表人物伦德瓦尔就认为："和熊彼特强调激进创新（radical innovation）不同，马歇尔关注的是渐进创新（incremental innovation）。"（Lundvall，2007）。

马歇尔的"渐进主义"立场确实受到了边际主义方法论和英国社会经济演进特点的影响，也有在经济学基础性著作中抽象掉阵发性的巨大变革的考虑，但是在演化和创新问题上，能否仅仅将马歇尔的"渐进主义"笼统理解为强调渐变和渐进创新呢？为了解答这个问题，有必要根据马歇尔对经济发展的认识，明确马歇尔的"渐进主义"的来源。马歇尔认为，经济发展是多维度和多层面的，不仅涉及技术变迁，也涉及组织和制度的变革。不仅涉及外在的正式制度的变革，也涉及人类自身不自觉的习惯的变革。这些维度的变化速度是不一致的，技术变迁可能很快，但是外在的正式制度变革就会慢一些，而人性（指"人类自身自觉和不自觉的习惯"）的变革就会更慢。经济发展在系统意义上要求各个维度的变化具有协调性，例如正式制度的变革要和人性变化保持协调，"制度虽然可以迅速发生变化，但如果要持久，制度就必须适合人类，如果制度的变化

比人类的变化快得多，就不能保持它的稳定性"。[①] 针对因技术和工业的迅速发展而被提出的巨大社会变革计划，马歇尔进一步指出，人性的发展是渐进的，而"社会组织的变革必然来自人性的发展，因此也必然是渐进的"（马歇尔，2005）。因此，"经济发展是渐进的。经济发展有时由于政治事变而停顿或倒退，但是它的前进运动绝不是突然的。因为即使在西方和日本，它也是以一部分自觉和部分不自觉的习惯为基础的。天才的发明家、组织者或财政家虽然似乎可以一举改变一个民族的经济组织，但是一经研究就知道，那不过仅仅是表面的和暂时的那一部分影响，也不过就是使得久已在准备中的广泛的建设性的发展趋于成熟而已"（马歇尔，2006）。在《经济学原理》的第四篇第八章"工业组织"以及附录一"自由工业和企业的发展"中，正是基于这种对经济发展的认识，马歇尔提出了他的"渐进主义"经典论断："在经济界，自然是不能超越的"（马歇尔，2005，2006）。

根据上面的辨析可以看出，显然，马歇尔的"渐进主义"并不能简单地被归结为马歇尔所关注的只是经济领域的渐变，只是与熊彼特"激进创新"不同的"渐进创新"。[②] 如前所述，马歇尔认为，"天才的发明家、组织者或财政家"似乎可以一举改变一个民族的经济组织，这种"一举改变"显然是一种激进创新。因此，马歇尔的"渐进主义"并不排斥激进创新，也并不否定激进创新在短时间的表面成功。他只是认为，激进创新的成功深植于社会系统之中，它所依赖的多维度的社会基础依然是长期积累形成的。再者，马歇尔的"渐进主义"否定了因技术和工业迅速发展而提出的各种巨大的社会变革计划的可行性，"巨大而急剧的变革计划注定是要失败的，而且也会引起反作用"。本文认为，在这种语境下，"渐进主义"不仅本身以技术和工业的迅速发展为前提，而且很大程度上针对的是与技术-经济范式层面相对应的社会制度总体框架的变迁（甚至包括意识形态变迁等），而非当代创新经济学意义上的微小改进性质的渐进创新。如佩雷斯所指出的，要实现与技术-经济范式变革相匹配的社会制度变迁往往要花去数十年时间（佩雷斯，2007）。

简言之，马歇尔的"渐进主义"将经济发展视为一个从孕育到效果完全展现的"自然过程"，这一过程需要经历多个环节或需要协调多维度、多层面的变革，有其不可超越的内在逻辑，不可能一蹴而就。这才是马歇尔的"渐进主义"的实质。在这种"渐进主义"中，多维度协调的思想以及习惯乃至人性的改变居于关键性的地位。因此，根据当代创新经济学的创新分类法，马歇尔的"渐进主义"的重点并不在于关注渐进创新。相反，它的重点在于提供了一种过程和系统的视角，以理解创新及其所推动的经济发展。在马歇尔看来，创新及其经济影响的发挥是一个系统性的长期过程，是一个由激进创新和后续的渐进创新组成的过程，是一个习惯的重塑和变革的过程。创新也嵌入于更为宽广的社会系统之中，重大的激进创新有赖于与社会系统中的诸多维度（或子系统）

---

① 根据上下文，本文认为，马歇尔所说的"制度的变化"是指可以自上而下实施的、外在的正式制度变革，而"人类的变化"则是指人类习惯的变革（马歇尔，2006）。

② 当然，马歇尔和熊彼特的演化思想确实有关注渐变和关注突变的区别，马歇尔确实缺乏对突变的机制和条件诸方面的探讨，但关注渐变本身毕竟不是马歇尔"渐进主义"的全部内容，甚至不是最重要的内容。

的协调一致才能成功并充分发挥其社会经济影响。长期的经济发展则更是一个多维度、多层面变革的过程，需要技术、正式的组织制度乃至习惯和人性多维度变革的协调以及最终匹配（马歇尔，2006）。

（二）生存竞争与非最优的经济进步

马歇尔从将社会经济演化类比为生物演化出发，将生存竞争和自然选择的生物学概念引入经济学中，将经济进步类比为一个生存竞争和自然选择的过程。由此，马歇尔描述了一个经济演化模型。在这一模型中，"最适者生存（survival of the fittest）"的概念对于创新和演化经济学而言最具思想意义。

"最适者生存"概念是马歇尔从斯宾塞的生物演化理论中得来的，但是马歇尔的"最适者生存"概念有其特点。他不是在建构论理性主义那样的绝对意义上使用这一概念，而是相对于选择环境来使用这一概念（Hodgson，1994）。马歇尔认为，多样性主体之间的生存竞争将遵循"最适者生存"的选择原则："生存竞争使最适合从环境中获得利益的有机体增多。"最适合从环境中获益的组织及其所代表的组织方法将会扩散并遗传下去（马歇尔，2006）。

但是"最适者生存"的选择原则并不会保证经济进步或经济演化在整体和长期意义上是最优的。为了说明这一点，马歇尔区分了组织方法的直接贡献和间接贡献（或直接的即期服务和间接的最终服务）。这种区分所涉及的并不仅是可以归因于外部性的企业（或其他组织）收益率与社会收益率的不相等和不对称，而且还引入了时间因素对组织方法的生存以及自然选择的影响。马歇尔认为，组织方法的生存取决于其得到的报酬，而报酬则取决于它的直接贡献或直接即期服务，而组织方法的间接贡献或间接的最终服务却难以得到报酬。由此，那些可以提供巨大的正的外部性却无法从这种外部性中获得报酬的企业和组织方法将难以生存，那些长期将对社会作出重大贡献的企业和组织方法也可能会因为初始阶段的报酬不足而失去生存机会。"生存斗争往往是最适合在自己环境中发展的组织方法流行起来。但所谓最适合环境的方法，并不一定是对环境最有益的方法，除非这些组织方法所获得的报酬恰好和他们直接或间接贡献的利益相适应，而事实并非如此。"这是因为从总的原则来看，决定组织方法生存的主要因素是其直接贡献而非间接贡献。相反，"最适者生存"的法则可能使有害于社会整体利益和长期利益的企业和组织方法生存壮大。因此，经济进步或经济演化在整体和长期意义上不一定是最优的。

因此，通过区分直接贡献和间接贡献并指出有酬的直接贡献在决定组织方法生存方面的决定作用，马歇尔就提出了对于创新的选择机制的重要说明：创新的成功与否取决于它在即期或当前能否适应环境，取决于它提供的直接贡献能使其获得生存所需的足够的报酬。对于这种选择机制，马歇尔显然不是很满意的。他提出，一些如为集体或子孙利益而非个人眼前利益服务之类的美德可以纠正这种选择机制的不足。

不过，马歇尔并没有致力于对创新的选择机制提出一种更为精致化的说明，而是较多地将这一关于选择机制的成果直接用于分析教育、人力资本和创新本身的供给。在马歇尔看来，在教育和创新方面的投资在提供间接贡献或长期的最终服务方面都要大于甚至远远大于它们所提供的有酬的直接贡献。例如，由于创新具有正的外部性，这将导致创新者的收益低于社会收益（马歇尔，2005）。由此，相对于经济发展的最佳可能状态，对教育和创新的投资和供给将会出现不足，实际的创新供给和教育投资将低于最优的创新供给和教育投资。这构成了非最优的经济进步的重要内容。

　　非最优的创新供给和教育投资导致了马歇尔引入国家干预，对于这种国家干预（特别是国家对教育和创新的投资），本文将在马歇尔对国家教育科研体系的论述中一并说明。[①]

三、马歇尔的创新体系思想

（一）知识和组织

　　马歇尔的创新体系思想源于他对知识、组织以及知识和组织的关系的关注。马歇尔将知识和组织视为最关键的资本和生产要素。他指出，知识是最有力的生产动力，而"组织有助于知识"。组织有许多形式，"例如单一企业的组织、同一行业中各种企业的组织、相互有关的各种行业的组织，以及对社会保障和对许多人提供帮助的国家组织"（马歇尔，2006）。就马歇尔对知识的各种性质的论述而言，马歇尔在探索知识性质及知识性质对创新的影响方面要远早于阿罗在 1962 年的经典论文《经济福利和对发明资源配置》（*Economic welfare and the allocation of resources for invention*）中对知识作为一种经济物品的分析。更重要的是，他强调了知识（和创新）与组织之间的关联。就知识的性质、知识与组织之间的关系而言，马歇尔有以下四方面的基本观点：

　　第一，企业间知识具有多样性和互补性。马歇尔意识到，即使在同一行业的企业也是多样的，它们的组织方法是不同的，所具有的知识和企业家能力也是不同的。在工业区中，同一行业的不同企业也可以产生不同的新思想，并具有互补性。这种异质主体之间的知识共享与交互学习构成了创新不断发生的源泉（马歇尔，2006）。

　　第二，知识具有非排他性，创新活动具有外部性。在马歇尔对企业家创新行为、小企业创新和工业区创新的讨论中，他指出，由于企业不能完全垄断自身创新活动所产生的知识，企业不能完全占有自身创新活动所带来的利益。实际上，他揭示了企业创新活动的外部性和知识的非排他性。马歇尔高度关注知识和创新活动的上述性质。在他看

---

　　① 除了渐进主义、生存竞争之外，在马歇尔的经济生物学思想中，多样性和易变性也居于重要地位。就对创新的考察而言，马歇尔考察了多样化的企业、企业间联合乃至国家创新体系，讨论了多样化的组织制度安排对创新的作用。而这些组织制度安排在促进创新中的地位和作用又是不断变化的。比如说，由于"在关于营业知识的一切事情上，外部经济与内部经济相比，正在不断增大其重要性"，小企业在推动创新上的作用将会提升（马歇尔，2006）。又比如说，随着科技和经济的发展，本来很成功的英国国家创新体系在 20 世纪初就落后了。正如凯恩斯所指出的，马歇尔始终注意强调"种种企业组织的过渡性和易变性，以及经济活动种种具体形态的这种性质。他要求人们尤其要注意到英国赖以建立工业领导地位的基础的不稳定性和暂时性"（凯恩斯，1990）。可以说，渐进主义、生存竞争和多样性（以及易变性）是马歇尔经济生物学思想的关键性概念。但由于马歇尔的多样性思想相对复杂，本文暂不对此进行说明。

来，上述性质有助于企业之间的知识共享和交互学习，有促进创新的一面，但是也会削弱对创新的激励。因此在工业区和协会组织中需要本地性的社会关系和制度安排来调节相关利益。

第三，知识的共有性和集体性。马歇尔在说明工业区和协会组织之间的知识共享与创新方面触及了知识的共有性和集体性。知识作为共有的和集体的知识存在于工业区和协会组织中，被工业区和协会组织的成员所共享。而在这些工业组织中，创新也成为了一种集体性的活动。

第四，知识和创新活动依赖于组织。如上所述，马歇尔认为，组织有利于知识，知识和组织还存在公有和私有之分。这表明知识是依赖于组织的。对于马歇尔来说，获取"经济（节约）"和效率是组织变迁的基本动因，而获取知识创造和使用方面的"经济（节约）"和效率是组织变迁（如大企业的发展、协会组织的出现与发展等）的重要原因之一。马歇尔还从科学技术的迅速发展和复杂化使创新日益依赖研究团队的长期研究而非单个发明者的天才出发揭示了私有企业工业研究实验室这种重要组织制度创新的原因。

就创新体系研究这一领域而言，马歇尔讨论了与知识和创新相关的多种制度、组织形式，分析了这些制度和组织形式对创新和经济绩效的影响。在他看来，大企业和小企业在创新上各有所长，而且双方优劣随着各自享有的外部经济和内部经济等因素的变动不断变化。在下面的内容中，本文将分别说明马歇尔所论述国家创新体系中的三种重要组织形式——"工业区"（industrial districts）[①]、国家的教育研究体系与企业间的协会（企业间的联合组织，association）。这三种组织的发展都有利于企业更有效地利用外部经济，有利于小企业从事创新和应用创新。[②] 其中，"工业区"（industrial districts）和国家的教育研究体系也分别代表了两种不同类型的创新体系。然后，本文还将介绍马歇尔从创新体系角度对后发国家的赶超和后发优势问题的论述。

（二）马歇尔的"工业区"

"工业区"（industrial districts）思想是马歇尔对经济学的一个重要贡献。马歇尔列举了有利于工业区出现和发展的资源、市场、地理位置、交通条件、制度政策条件，但他最主要还是从外部经济的概念出发来理解"工业区"兴旺发展特别是"工业区"中的小企业兴旺发展的原因。具体来说，马歇尔认为，就工业区内部而言，基于工业区根植于本地所形成的社会关系和社会力量，工业区内的企业所享有的外部经济主要来自以下三个方面：知识的扩散与共享；辅助行业的增长和不断再分工，即生产链（或供应链）的不断发展；专业化劳动力在工业区中的聚集。

从创新经济学，特别是国家创新体系研究的角度来说，马歇尔对工业区的论述不仅是关于产业集群的，也是关于区域或次国家的创新体系的。最为重要的是，马歇尔在此提出了以企业间知识共享和交互学习为基础的创新发生及扩散机制。马歇尔认为，同种行业集中于特定地区便于知识的传播和扩散，实现企业之间的知识共享和交互学习，由

———————————

① 这里的"industrial districts"也有研究者译为"产业区"。

② 当然，它们也有利于大企业的创新活动。

此企业就可以享有知识上的外部经济。进而，这种具有异质知识的企业之间的交互学习将成为创新的源泉，并有助于提高企业和工业区整体的创新绩效。"一种工业已经选择了一定地方后，一般会长久地设在那里。因此，从事相同行业拥有同样技能的人互相从同行间得到的好处是很大的，行业秘密不再成为秘密。正是由于这种公开，他们的后代就不知不觉地学到了许多技巧。优秀的工作成果受到正确的赏识，机械的发明和改进以及制造方法和企业组织上的发明和改进得到及时的研究。一旦有人有了某种新思想，就被别人采纳并与别人的意见结合起来，因此，它就成为更新的思想的源泉"（马歇尔，2006）。这不仅承认了多样性和异质性是创新的源泉，而且也是当代创新网络研究的先声。

（三）国家教育科研体系

马歇尔认为，小企业在创新和经营方面所能享受的外部经济并不仅仅来自于工业区中的其他企业，也来自于更为广泛的国家体系，小企业可以通过各种渠道从国家的教育科研体系中获取知识。换言之，企业既嵌入于工业区，又嵌入于国家教育科研体系。实际上，马歇尔所研究的创新体系结合了侧重企业间知识共享和交互学习的工业区与由正规的技术基础设施（大学、实验室等）组成的国家教育科研体系两大类型。他所考察的国家教育科研体系大致相当于伦德瓦尔所说的狭义国家创新体系。[①]

与李斯特、马克思等先辈相同，马歇尔也十分重视教育和科学对工业发展和经济进步的作用。在讨论了各类教育及相关组织制度之后，马歇尔指出，教育投资服务于能力构建，它的价值不能用其在短期内直接增进的物质福利来衡量，教育对科学文化的长期和间接影响同样重要。换言之，教育的价值在于其所能提供的直接即期服务和间接最终服务两个方面。即使教育仅作为一种投资，使大多数人得到更多的发挥自己潜能的机会，也将是有利的。由于提供了这种机会，将有助于培养出更多的科学家和工业人才，而"一个伟大的工业天才的经济价值足以补偿整个城市的教育费用"。他还指出，工业发展将不再仅依靠实际经验，而更多地取决于科学原理的进步（马歇尔，2006），单纯出于求知目的而进行的纯科学性质研究是比出于特定实用目的应用研究更为丰富的新知识来源。[②] 在科研方面，他特别重视实验室这种组织的发展，重视实验室与工业的联系。他认为，国家的经济进步需要三类功能的实验室，即纯科学、实用产业技术、检查工厂工作成果质量的实验室，而且三者彼此间应该建立起紧密联系，实现知识的共享和交流（Marshall，1997）。这种实验室体系构成了马歇尔所理解的国家科研体系的核心部分。

马歇尔认为，教育和科研可以产生巨大的外部经济或正的外部效应，进而提高国家体系的共同效率，而且教育和纯科学研究可能缺乏足够的直接收益，因此政府或公共机

---

①　伦德瓦尔将狭义的国家创新体系界定为"从事搜寻和探究的组织和机构——诸如研发部门、技术学院和大学"，即大学、科研机构等正式的研发机构和组织。在伦德瓦尔看来，马歇尔的"工业区"和国家教育科研体系分别涉及了创新体系中以经验为基础的部分和以大学和研究机构为代表的正式技术基础设施部分。参见（Lundvall，1992，2007）。

②　在此，马歇尔似乎强调了科学发展在某种程度上相对于社会经济需要的独立性。

构在国家教育科研体系中承担着不可回避的重要责任，特别是应该承担对教育科研进行大量投资的任务（如国家应该投资支持大学的纯科学的研究）。不过，马歇尔对于教育科研上的国家投资还有进一步的认识。国家教育投资的必要性很大程度上来自于收入较低的家庭缺乏对子女教育的投资。因为对低收入家庭来说，时间贴现率或"对未来加以折扣的利率"很高，对子女进行教育投资是不划算的。由此，低收入导致对子女教育的低投入，又进一步导致子女的低收入，这将使低收入家庭的状况陷入恶性循环。而且较低收入的人口占了人口的很大一部分，国家投资为低收入家庭的子女提供受教育的机会，可以大大提高产生科技和经营方面的优秀人才的概率，对经济进步和国家福利具有重大的积极意义（马歇尔，2005）。

科研上的国家投资则含有一种更为复杂的目的（但马歇尔并不认为这是国家投资科研的唯一目的）。马歇尔认为，产业与科学的联合往往要借助于产业协会等企业的联合性组织（因为对单个企业而言，建立专有的科学实验室一般过于昂贵）。这种组织虽然可能是出自于促进创新等建设性的目的，但这种组织也存在着利用联合的市场力量获取垄断高价的可能。为了利用政府权威防止这种"反社会可能"，政府应使用国家基金（national funds）或公共资金支持企业在研发上的联合（Marshall，1997）。

（四）协会对创新的作用

如上所述，马歇尔认为，协会在科研和产业的结合中发挥着重要作用，特别是可以支持出于实用目的的研究。实际上，马歇尔对于企业间的联合组织也进行了广泛而不乏深刻的研究。在《工业与贸易》一书中，马歇尔考察了卡特尔、辛迪加、托拉斯等垄断组织，也考察了多个制造商协会或制造商的联合组织。在此基础上，马歇尔提出，企业间的联合组织具有破坏性和建设性两方面的功能。破坏性的功能主要是指企业通过联合获得市场力量以控制价格，索取垄断高价，从而使参与联合的企业获得一种静态的垄断收入。建设性的功能则是指同行企业之间组成联合组织或协会为参与的成员提供原料采购、产品营销和运输、法律咨询、创新等方面的服务。建设性功能的目的在于通过联合获得经济（节约）与效率以及静态和动态的报酬递增。马歇尔对于协会的建设性的功能大为赞赏，针对英国建立的某个产业的科研协会，他曾指出，这可以成为英国产业深远结构变革的先声。

就促进创新而言，协会组织的目的在于建立协会成员之间的知识共享与合作创新的机制，从全体成员的利益出发，运用集体的力量，提供各种解决难题、改进生产的服务，从而在获取知识和创新上实现规模经济。协会的具体相关职能则包括：促进企业与学校等研究机构的合作，甚至建立共享性的实验室和专家团队，为成员提供相对廉价的服务；获取各种来自协会内部的和外部的改进、发明、专利，并采取最佳方式在协会内部加以分享和运用（Marshall，1997）。

马歇尔指出，以促进创新和学习为目的的企业间的联合组织必须建立适当的制度安排，特别是针对分享创新活动成果建立适当的制度安排。因为在联合组织内部，任何成员所获得的改进和创新的信息都会通过合作性扩散方式传给联合组织的全体成员。一个成员的创新会提供给其他成员以外部经济或正的外部效应，造成单个成员收益低于协会的整体收益，导致对创新的激励下降。"概言之，就是以'团队工作（team work）'来实现技术知识的改进和扩散而言，一个协会是一个扩散甚至改进技术知识的绝好中介；但协会如果扩展到一个国家的范围，可能会对初始性的发明努力（original invention）造成压制。"这就需要采用一些调节创新收益的制度安排（如赋予作出重大创新的企业以暂时的独家利用创新的权利）以部分地减少这种危险（Marshall，1997）。

（五）创新体系的国别差异以及"后发优势"

马歇尔在《经济学原理》一书中就提到过，各工业国的创新体系和创新模式各具特点，在创新和工业上的竞争优势也不尽相同。在《工业与贸易》一书中，马歇尔又对英、法、德、美四国的制造业发展史作了更详尽的考察，再次强调了上述的观点（马歇尔，2006；Marshall，1997）。

马歇尔十分关注 19 世纪末以来英国工业优势地位的相对衰落。他从创新体系的角度去寻找美、德这样的后发国家能够赶超英国的原因。在他看来，英国工业相对于美、德的衰落与其创新体系的落后密不可分。英国教育体系比德国落后一代人的时间。这一教育体系符合第一次工业革命时期的主要由单个思维敏捷的个人来实现发明创新的创新模式，但是在新形势下，创新更加依赖于专业化研究者组成的大团队的长期钻研，所以这种教育体系落伍了。马歇尔还指出，英国创新体系的弱点也体现在学术工作和商业实践工作的脱节上，并且进而将英国创新体系的缺点归因于英国的政治结构问题（Marshall，1997）。

在讨论德国对英国的赶超时，马歇尔在《工业和贸易》中更论及了"后发优势"的问题。在国家创新体系思想的先驱李斯特那里，被强调的基本是先进国家的"先发优势"。但是在 19 世纪后期到 20 世纪初，作为先发国家的英国的工业优势开始衰落，美国和德国实现了对英国的赶超，这使得凡勃伦、马歇尔这些经济学家开始关注新兴国家的"后发优势"。马歇尔认为，英国作为先发国家形成的传统的工业组织（也包括过时的知识、技能、经验和方法）阻碍了英国工业适应变化了的新形势。正如在工业革命早期"老式行会的思想倾向（如果不是正式规则的话）多少露骨地阻碍着引入新方法（这些方法往往贬低了长期训练所获得的知识和技能）"，类似的束缚在一百年后也束缚着英国的工业。而德国工业的创新则无需受先前工业时代的传统商业习惯和方法的束缚（Marshall，1997）。

四、结　语

在上面的论述中，本文大致按照经济生物学以及知识和组织两方面的线索展开，具体从渐进主义、生存竞争和创新体系三方面考察了马歇尔对创新经济学的思想贡献，并且尝试性地提出了一些相关的新认识。① 本文论证了，马歇尔的"渐进主义"的重点并不在于关注渐进创新，而是在于从一种过程和系统的视角理解创新及其所推动的经济发

---

① 当然，就马歇尔对创新经济学的思想贡献而言，本文的说明仍然是远不全面的。

展；马歇尔的生存竞争思想则为说明创新的选择机制以及教育和创新投资不足提供了基础。本文还说明了，马歇尔对创新体系思想的贡献也并不限于他的工业区思想。他不仅考察了以工业区为代表的基于经验的（experience-based）创新模式的创新体系，也考察了由正规的技术基础设施（如大学、实验室等）所组成的创新体系（即国家的教育科研体系）。他指出，企业既嵌入于工业区，又嵌入于国家教育科研体系。马歇尔还从创新体系的角度讨论了后发国家赶超和后发优势的问题。

应该指出的是，虽然马歇尔对创新经济学的思想贡献很大程度上源自于他的经济生物学思想，而这种思想被安东内利称为是开启了对技术变迁的演化主义理解，但是依据当前演化经济学的标准，马歇尔的贡献在演化范式的意义上还是不成熟、不彻底的，甚至还存在偏差。部分地出于这个原因，当前，马歇尔有关创新活动的外部性、教育和创新投资不足、非最优的经济进步等方面的思想已经被部分地纳入了新古典范式的创新经济学之中。不过，新古典创新经济学吸收了马歇尔的上述具体思想，但却抛弃了马歇尔贡献中与新古典范式不相容的演化主义内容。这些内容在演化范式的创新经济学中得到继承发展，并且后者在多样性、经济自由等方面克服了马歇尔相关思想的局限。因此，马歇尔在经济思想史上所具有的新古典范式奠基者和演化范式先驱的双重地位对创新经济学而言也是同样适用的。

参 考 文 献

阿尔弗雷德·马歇尔. 2005. 《经济学原理》. 廉运杰译. 北京：华夏出版社

阿尔弗雷德·马歇尔. 2006. 《经济学原理（上）》. 陈瑞华译. 西安：陕西人民出版社

埃里克·赖纳特，贾根良. 2007. 《穷国的国富论：演化发展经济学论文选》上卷. // 卡洛塔·佩雷斯. 技术演化、范式转变与社会-制度变迁. 贾根良等译. 北京：高等教育出版社

贾根良，赵凯. 2006. 演化经济学与新自由主义截然不同的经济政策观. 经济社会体制比较（2）：137-143

约翰·梅纳德·凯恩斯. 1990. 《阿尔弗雷德·马歇尔传》. 滕茂桐译. 北京：商务印书馆

Antonelli C. "The Foundations of the Economics of Innovation", Working paper No. 02/2007, DIPARTIMENTO DI ECONOMIA, UNIVERSITA' DI TORINO

England R W. 1994. Evolutionary concepts in contemporary e conomics // Hodgson G M. Precursors of Modern evolutionary economics: Marx, Marshall, Veblen and Schumpeter. Ann Arbor: The University of Michigan Press

Lundvall Bengt-Ake. 2007. Innovation System Research and Policy: Where it came from and where it might go. Paper to be presented at CAS Seminar, Oslo, December 4

Marshall A. 1997. Industry and Trade. UK Bristol: Overstone Press

演化理论与分配正义[①]

丁建峰[②]

摘　要：以罗尔斯、Harsanyi 为代表的平等主义和功利主义的两种分配正义观存在着很大的理论分歧。对"移情"问题的处理和把握可以被看做是两个理论之间最大的不同。而"移情"这一心理学概念又把演化理论引入到对分配正义的讨论之中。肯·宾默尔提出了自然正义论的基本框架，对罗尔斯和 Harsanyi 的理论进行了基于演化和讨价还价理论的调和。通过对宾默尔的"自然正义论"的贡献的梳理和对其理论难点的分析，我们可以进一步地明了演化理论对分配正义的可能贡献以及演化的分配正义理论可能遇到的理论困难。

关键词：演化　分配正义　罗尔斯主义　功利主义　自然正义

JEL：F062　F014　F091

一、引　言

正义在人类社会中的重要性是显而易见的。柏拉图的《理想国》中把正义视为"四主德"，即智、勇、礼、义中最为重要的美德；亚里士多德则把正义看作是个人与城邦均须具备的美德（亚里士多德，1965）；而当代大哲罗尔斯则认为"正义是社会制度的首要德性，正像真理是思想体系的首要德性一样。一种理论，无论它多么精致和简洁，只要它不真实，就必须加以拒绝或修正；同样，某些法律和制度，不管它们如何有效率和安排有序，只要它们不正义，就必须加以改造和废除"（罗尔斯，2009）。现代经济学的鼻祖亚当·斯密将"正义"视为社会运行的基石，"正义犹如支撑整个大厦的主要支柱。如果这根柱子松动的话，那么人类社会这一雄伟而巨大的建筑必然会在顷刻之间土崩瓦解"（亚当·斯密，1998）。从斯密到马克思，古典经济学家始终坚持经济学的"正义"维度。尽管正义问题极端重要，但正义的具体内涵却是一个长期以来引起诸多困扰且迄今为止亦无定论的"悬案"。本文的目的并不是要彻底解决这一重大的理论难题，而是试图对演化理论与分配正义之间的关系进行比较系统的理论回顾和梳理。通过这种考察，我们可以得到一些重要的理论洞见。它们将为我们在一个更广阔的、跨学科的视野中理解社会正义问题以及建立符合中国实际的社会正义，特别是分配正义（公平正

[①]　感谢恩师汪丁丁教授历年来的惠予指导，也感谢和中山大学丁利老师的讨论。

[②]　丁建峰，男，北京大学国家发展研究院中国经济研究中心博士候选人。

义）理论方面，提供一些有益的启示。

在进入主要论述之前，有必要在此澄清一些基本概念在本文中的用法。本文并不试图考察正义理论的所有方面，而主要考察分配正义（distributive justice）与演化理论之间的关系。在本文中，"分配正义"用来指社会合作的收益和成本在不同社会成员之间的合理分配，而"公平"（fairness）则指分配正义所对应的社会状态。英文的 equality 在本文中译为"平等"。但在本文中，它仅指收入分配结果上的趋于均等化（如收入的标准差变小），而没有更为丰富的政治哲学含义。

本文第二部分将简略介绍分配正义理论中的无知之幕设置以及罗尔斯和 Harsanyi 的不同的分配正义观念。第三部分将以 Harsanyi 的理论为例考察移情能力与分配正义的关系。第四部分将结合肯·宾默尔的《博弈论与社会契约》中把移情和分配正义理论相结合的思想讨论演化、移情与分配正义之间的关系。第五部分是对这一主题研究思路的一般梳理和对这一主题的整体评述。本文既列举了从演化的思路理解分配正义理论所可能得到的理论贡献，同时也分析了其中的一些困难之处。但本文的研究并不彻底，所得到的结论也仅是初步的。笔者希望抛砖引玉，以这篇浅陋小文求教于哲学界、经济学界，特别是演化理论界的诸位方家。

二、无知之幕下的分配正义理论：Harsanyi 与罗尔斯的比较

由于分配正义涉及对现实利益的分配，因此在现实生活中，人们对于正义的诉求常常受到多方面的干扰，必须在一个公正的环境中来讨论收入分配问题。当代的行为经济学发现，人们的正义动机是广泛存在的，但在大多数实验中，公平动机和利己动机混杂在一起，我们很难观察到纯粹的个体的公平诉求，因为在实验中它往往和慷慨、利他、社会规范等偏好混在一起（Henrich et al.，2004）。而在现实生活中，这种观察就更加困难了，例如 Harsanyi 就指出，如果一个穷人表达了偏好于更有利于穷人的收入再分配政策，那么这个表达很难看做是对于公平的诉求（Harsanyi，1953）。在这方面，弗里德曼的一段话真切地刻画了分配正义观念上的分歧（Friedman，1977）："关于什么是公平，没有客观的标准。公平只存在于观察者的眼睛里。对于生产者或卖家，公平价格就是高价；对于消费者或买家，公平价格则是低价。这样的争论如何平息？"[①]

为了设置一个公正的讨论正义问题的环境，Harsanyi 和罗尔斯都设置了"无知之幕"来过滤掉现实中的人们的"自利偏差"。所谓"无知之幕"，简而言之，即是指参加讨论制订分配方案的各方处在这样一种状态之中："他们不知道各种选择对象将如何影响他们自己的特殊情况，他们不得不仅在一般考虑的基础上对原则进行评价。""无知之

---

① 在政治思想史上，此类说法源远流长，公元 1 世纪古罗马的波比利乌斯·赛琉斯（Publius Syrus）就论述过，"不应当从任何一方的个人立场出发来解决争端，因为任何个人的看法都不免褊狭"（箴言第 545）。又如，中国古代的荀子也说过，"凡人之患，蔽于一曲，而暗于大理。治则复经，两疑则惑矣……故为蔽：欲为蔽，恶为蔽，始为蔽，终为蔽，远为蔽，近为蔽，博为蔽，浅为蔽，古为蔽，今为蔽。凡万物异则莫不相为蔽，此心术之公患也"（《荀子·解蔽》）。王阳明则说，"此心无私欲之蔽，即是天理"（《传习录》上）。

幕"设置的核心思路，是在对正义问题的讨论过程中滤掉所有和个人利益相关的信息，从而彻底清除"自利偏差"孳生的土壤。在"无知之幕"的基础上，理论家就可以以"不偏不倚"的态度来推导社会合作体系的分配原则。其中，Harsanyi 和罗尔斯的理论是两个最有影响力的分配正义理论。罗尔斯认为，具体到社会合作净收益（即收益减去成本）的分配方面，在无知之幕下的决策者应当采用的原则是"差异原则"（difference principle），即最大化最少受惠群体的利益（罗尔斯，2009）[①]，用理性选择理论的表示方法，即 $W = \min_{i \in N} \{U_1(\vec{x}), U_2(\vec{x}), \cdots U_n(\vec{x})\}$。其中，$W$ 指社会福利，$\vec{x}$ 可以看做一个社会备选方案（作为一个向量，它给每个社会成员分配一定的净收益），$U_i(\vec{x})$ 指每个社会成员在分配格局中得到的效用值。最大最小原则意味着我们在考虑分配正义问题时，要优先考虑福利水平最低者的利益。与罗尔斯不同，Harsanyi 指出，为了达到无偏性的要求，个人应想象自己不处在任何一个特定的位置，而是以相同的概率遍历所有社会成员的可能人生，"然而这意味着，无需假设任何其他的伦理前提，个人也应定义一个基数社会福利函数，该福利函数即是所有社会成员的效用的算术均值"（Harsanyi，1955）。故而 Harsanyi 认为，无知之幕下的社会福利判断得到的结果应当是功利主义的，即假设一个社会有 N 个人，如果决策者不知道自己的社会地位，则他只能想象自己以 $1/N$ 的概率遍历所有可能人生，假设该决策者的偏好符合 Von-Neumann-Marschak 公理系统，就可以推出分配正义的判断应当符合形如 $W = \dfrac{1}{N} \sum_{i \in N} U_i(\vec{x})$ 的社会福利函数（Harsanyi，1978，1953，1955，1977）。

　　罗尔斯和 Harsanyi 的分配正义理论具有重大的理论差异，罗尔斯的社会福利函数显然更偏向于弱者的利益，而 Harsanyi 则着眼于社会的总效用。例如，假如有两个社会成员决定分配方案，假设他们的效用组合为（100，0）和（20，20），罗尔斯社会福利函数会支持（20，20），而 Harsanyi 社会福利函数则会支持（100，0）。但两种理论同时又有相似的结构，即他们都把一个规范问题转换成了一个高阶意义上的实证问题（即"无知之幕下的社会福利判断"的问题），具有理论构建模式上的一致性。另外，在理论结论上，Harsanyi 和罗尔斯的社会福利函数具有互补的一面。例如，两人分 100 元钱，罗尔斯会支持两人均分，而如果假设两个人具有相同的效用函数且效用函数满足边际效用递减，那么 Harsanyi 也会支持两人均分（丁利，2006）。但是，必须看到，即使单从结果上加以考虑，这个例子仍然可以揭示一些内在差异：第一，如果两人的效用函数不同，那么 Harsanyi 就不会同意"均分"；第二，如果存在着效率损失（即如果平均分配会带来总钱数的减少），那么罗尔斯和 Harsanyi 之间就会发生较为明显的分歧。例如，令（x，y）代表给甲和乙两人分配的钱数，令两人的效用函数均为 $u(x_i) = x_i^{1/2}$，$i = 1, 2$。那么对于功利主义者而言，（90，10）的分配优于（40，40）的分配，尽管前者的分配很不平等，而（40，40）的分配的整体效率损失并不大；对于罗尔斯主义者而

言，（40，40）显然好于（90，10）。

三、移情能力与分配正义

Harsanyi 假设在无知之幕下的决策者如同一个"轮回"（samsara）之前的灵魂一样，可以提前想象自己遍历所有的可能人生，所以，Harsanyi 给出的社会福利函数并不是最大化一个一般的 $U(\vec{x})$，而是最大化带有下标 i 的 $U_i(\vec{x})$。显然，Harsanyi 的决策者在选择分配问题的时候具有"把自己想象成他人"、在自己内心中体验他人偏好的能力，Harsanyi 把这一假设称为"接受原则"（principle of acceptance）。而在心理学中，这一能力被称为"移情"（empathy），或被称为"他心认知"（the theory of mind）。我们可以用 Harsanyi 举过的一个例子来说明移情在分配中的作用（经笔者稍作变动）：考虑甲和乙二人，若甲十分喜爱吃肉而厌恶吃鱼，而乙对鱼和肉的喜爱程度无差异，此时，如果我们分配 1 份以鱼为主的晚餐和 1 份以肉为主的晚餐（不可分割），假设两人若均能体验到他人的偏好，那么最大化社会福利函数 W 的分配就是把肉分给甲，而把鱼分给乙，在其他条件不变的情况下，可以认为这样的分配是一种比较合理的分配。Harsanyi 预设了在无知之幕下的决策中，决策者具有完全的移情能力，但这一假设可能会引起很多人的质疑。但 Harsanyi 并不认为这是一个完全不可解决的问题。事实上，效用函数 $U_i(\vec{x})$ 可以看做是一个多元函数，受到如年龄、身材、性别、生活经验等各种系统因素决定。而在更深的层次上，这一函数则是由遗传、教育等因素和社会影响等综合因素决定的。Harsanyi 把这些因素统称为"自然法则"，即社会中每个个体，如果要作出公平判断的话，在"应然"的层面上，决策者应当知道这些心理法则（至少要对这些法则有相当程度的认识）。这样的话，对他人的效用函数的估计就被转化成了一个参数估计问题。Harsanyi 认为，对于一个生活经验足够丰富的人来说，这样的估计并非不能实现，尽管完全准确的估计似乎不可能，但是只要错误在可容许的范围之内，相应的道德判断就是可以接受的（Harsanyi，1978）。[①] 在后来的理论构建中，研究者还把 $U_i(\vec{x})$ 看做一个子层级上的 vNM 效用函数，令 $U_i(\vec{x}) = \sum_j \pi^j \phi(h, x^j)$，其中，$\sum_j \pi^j \phi(h, x^j)$ 是类型为 h 的社会成员接受彩票（π^j，x^j）的期望效用（Weymark，1991）。显然这里不但假设了 Harsanyi（1977）中的移情假设，而且假设理想观察者对于未来承担的社会角色所得到的各种命运的概率 π 也是有准确预计的。这样一来，研究者也可以更加深入地讨论社会成员各种不同的生活前景和分配正义之间的关系。

---

① Harsanyi 的思想也是经过了一系列的理论演化形成的。在 Harsanyi（1953）里面，Harsanyi 只假设了人们在无知之幕下面会想象自己以相同的概率遍历所有的社会位置，但并不假设决策者会想象自己具有他人的偏好；但到了 Harsanyi（1955）里面，则假设决策者会想象自己具有他人的偏好，但并不假设决策者具有完全的移情能力。直到 Harsanyi（1977），他的基于"接受原则"假设的功利主义原则才最终定型。在生活中也可以看到：人们的"设身处地"通常有两种形式（Rosenberg，1961），一种是把自己代入他人的情境之中，同时仍然保留自己的偏好（此时改变的是客观位置而不改变主观性格）。另一种是把自己代入他人的情境之中，而同时试图体验别人的偏好。Harsanyi 在不同阶段的理论演化，也体现出他的思想的不断深化的过程。

从思想史的角度来看，Harsanyi 关于移情的这一思想源于亚当·斯密的《道德情操论》。斯密在《道德情操论》中提出了一整套关于"移情"的系统理论。斯密的理论有两大支柱："同情共感"（sympathy）与"无偏性"（impartiality）。"同情共感"是斯密哲学中最根本的概念。正如罗卫东教授指出的，斯密的道德哲学更像是对现实的"描述"而非"说教"或"布道"，斯密的"同情共感"概念所描述的是人类的一种心理特质，即一个人对另一个人的情感、动机和行为的内心中的反映能力（罗卫东，2005）。斯密认为，"引起我们同情共感的不仅是那些产生痛苦和悲伤的情形。无论当事人对对象产生的激情是什么，每一个留意的旁观者一想到他的处境，就会在心中产生类似的激情。"（Smith，1997）。十八世纪生理学对此已经有所认识，苏格兰生理学家克劳福德（James Crawford）认为，人脑中存在反映他人情感的神经回路。斯密的挚友大卫·休谟曾经在爱丁堡大学研读过生理学，并与克劳福德过从甚密，因此研究者通常认为，斯密受到了克劳福德的间接影响（Broadie，2006）。斯密的这一思想的基本依据是生理学而非伦理学，并且已经得到了当代行为学和脑科学研究的验证（De Quervain et al.，2004；Smith，1998）。

尽管"移情"在心理学界得到了广泛的讨论，但心理学家普遍认为它是难以把握且几乎无法被概念化的（Reed，1984）。而 Harsanyi（1977）则给出了对"移情"的一个简洁清晰的数学构建，即，如果 i 对 j 能够移情（用 Harsanyi 的提法，即"i 的扩展偏好和 j 的个人偏好相重合"），可以表示为：$U_j(\vec{x}) = V_i[\vec{x}, P_j]$（其中，$U_j$ 指 j 的个人偏好，V_i 指 i 想象中的 j 的效用，它是分配向量 $\vec{x}$ 和 i 想象中 j 的偏好 P_j 的函数）。假如 i 对所有社会成员均有移情能力，那么在无知之幕下，就可以得到形如 $W(\vec{x}) = \frac{1}{N} \sum_{i \in N} U_i(\vec{x})$ 的社会福利函数。由此可见，在 Harsanyi 的理论构建中，移情起着重要作用，既有渊远流长的理论传统，又有相对严密的数学构建。尽管 Harsanyi 本人十分尊重人们的既有偏好，而不倾向于具体推导和引述有关的心理规律，[①] 但是，"理想观察者"的"无偏观察"的能力和"无知之幕"的设置在 Harsanyi 的分配正义理论中是必不可少的。这一点大大不同于罗尔斯的理论构建，后者仅认为原初状态是一个"表述的设计"（device of representation），并且反对把"移情"纳入到分配正义理论体系的讨论之中。罗尔斯并不认为心理学的因素在社会契约体系的构建中起着至关重要的作用，研究者指出，在《正义论》和后续的著作里，罗尔斯试图回避对于人性、人的基本欲望和人的秉性的规定（韩水法，2009）。但是，即使罗尔斯也无法在正义理论之中把移情能力完全剔除出去，但他对移情的假设显然要比 Harsanyi 弱得多：第一，基本善只需要基数可比性的假设；第二，即使人与人之间无法做到完全移情，只要所有人的效用函数满足单调性，就可以在收入分配中支持"最大最小原则"。

罗尔斯是新社会契约论的缔造者，而 Harsanyi 的思想也可以归于广义的契约论者之列。沿着他们的逻辑，从"无知之幕"中均可推导出相应的社会福利函数。而另一位

---

① 关于移情的心理学研究已经蔚为大观（Eisenberg and Strayer，1987），但 Harsanyi 本人的理论兴趣更加偏重于对于人类道德偏好的"应然"层面的考察，而未直接引述心理学的研究。

对于分配正义产生巨大影响，而且也依据演化理论建立自己的卓越理论的大家——哈耶克，则并不同意根据既定的社会福利函数进行分配的主张。和哈耶克意见相似的，还有罗伯特·诺齐克和米尔顿·弗里德曼（Nozick，1974）。这些古典自由主义者认为，演化和竞争所确定的分配格局相对而言就是"最不坏"的分配，因此不需要进行在维持"最小国家"运行的限度之外的再分配，任何根据社会福利函数进行的分配建议或分配政策的提案，都是与演化原则相悖的"模式化公平"（objectionable fairness），应尽力避免。这一看法显然和罗尔斯、Harsanyi 等人的理论大为不同，并且同样有着演化理论的支持。但是，自由至上主义的思路并不足以完全否认罗尔斯和 Harsanyi 工作的价值，因为人类社会是一个合作系统，而社会合作系统本身的收益和成本分摊必然存在着分配问题，这是不以人的意志为转移的。即使我们尽量避免了来自国家和社会的二次分配，但初次分配的方案依据何种原则进行，仍然需要进行深入的研究，因此罗尔斯和 Harsanyi 的工作是重要的，也是不容回避的。由市场竞争决定的分配格局可以看作是收入分配的"结果"和"现象"，而不是决定分配原则的最根本的原因。同时，即使自由至上主义者也赞同政府采取一定的再分配政策，以便对于那些弱势的、"无法为自己的行为负责的人"提供保护（弗里德曼，2008）。可见，对于分配正义而言，罗尔斯和 Harsanyi 的理论是更为根本的（这个看法可能是有争议的，应当详论，但暂时只写出如此），同时，Harsanyi 和罗尔斯的理论方法较为相似，而他们的结论则体现了功利主义和平等主义两个可以互相对照的观念，因此我们在下文中主要对以罗尔斯和 Harsanyi"在无知之幕下进行分配决策"为基础的分配正义理论进行评述，而暂时不再涉及对自由至上主义分配正义观的讨论。

对于罗尔斯和 Harsanyi 之间的歧义之处，我们尚无法给出一个最终的决断。事实上，两位大师在论证上都是逻辑自洽的，很难说谁对谁错。在分配正义的辩论场上，功利主义、平等主义和自由至上主义之间的分歧诘难，可能会一直持续下去。但是，结合演化理论来分析分配正义问题，会给我们带来很多有益的启示。

四、演化、移情与分配正义

罗尔斯和 Harsanyi 的理论都是逻辑自洽的关于分配正义的规范理论，但仍然留下了一些不足：第一，这两个理论均奠基于康德的道德哲学基础之上，即不假设人们在进行道德判断和正义判断的时候会扭曲自己的移情偏好，而在现实中有可能会出现这样的情形；[①] 第二，罗尔斯和 Harsanyi 没有详细论证他的这个分配正义构想是如何被有效地实施的，必须假设人们对于假想的社会契约具有高度的尊重感和责任感（a strain of commitment），他们所拟设的功利主义或平等主义的分配正义才是可行的。然而，在无知之幕的设置下，人们到底应当选择罗尔斯的平等主义还是 Harsanyi 的功利主义？真实世界中人们的公平诉求，是否仅仅来自于先验的对于道德原则的敬重？这些问题的提

---

① 例如，人会装作对其他人的感受一无所知，并且久而久之，"习惯成自然"地形成较为冷漠的性格。但 Harsanyi 自己排除了这种情形。他认为如果这种情形发生，人们的偏好就不再是"道德偏好"（moral preference）。

出，提示我们需要结合当代的演化理论来理解平等主义与功利主义的分歧。

有的反对者可能会援引"事实"与"价值"的区分（Hume，1989）来说明演化理论与分配正义之间存在着不能相互融通的问题。众所周知，Harsanyi 和罗尔斯的理论属于规范理论之列，而演化理论即使不能说是完全实证的，但也是对于"事实"的描述而非对于"价值"的判断。按照新古典经济学的主流看法，实证理论仅研究"是什么"或"对于现象的解释和预测"，而不研究"应当如何"（Robbins，1935）。弗里德曼认为"实证经济学在原则上独立于任何特定的伦理立场或价值判断"。还认为，从理性自利的经济人假定出发，实证经济学可以"被用来对环境的任何变化所导致的结果作出准确推测"（Friedman，1953），而规范理论和实证理论两者之间应当是相互分离的。那么，演化理论和分配正义理论之间是否存在着一条不可逾越的鸿沟呢？问题实质上在于我们如何看待"分配正义"理论的价值判断的属性。

简而言之，即使我们承认伦理学家的看法，即假设"是"（事实判断）不能推导出"应当"（价值判断）（摩尔，1983），[1] 但并不能认为"是"与"应当"之间仅有一种简单化的、由此及彼的关系。事实上，除了"由'是'推导出应当"之外，"是"与"应当"之间还存在着另外的三个重要关系。第一，"应当"意味着"能够"（康德，1986），而"能够"意味着现实的可能性，它即使不是一个可以精确定量讨论的实证问题，也显然是对"事实"所进行的判断。具体到分配正义理论而言，我们固然不能认为"演化"可以为"分配正义"提供一个外在的标准。但是，一个在现实中可行的分配正义原则，必然要经受住演化的考验方才足以称之为稳定的原则（stable principle）。第二，尽管从一组对现象的纯粹描述中我们无法得到对于"应当做什么"的指导，但是，只要在这些描述中加入一些简单的、为多数人所承认的规范前提，就可以得到应然判断。例如，从"苏丹红是致癌物"并不能推出"不应当吃苏丹红"的应然判断，但是，由于绝大多数人都绝不愿意罹患癌症，而这一前提对于一般正常人而言是不言自明的（即使对于想要自杀者，故意致癌而死似亦不是明智的选择）。即使我们承认"是"不能推导出"应当"，但是，我们可以确定，"是"可以结合一些基础性的、不言自明的价值判断去推导出较为复杂或较为实际的价值判断。[2] 而在这一推导过程中，困难常常出现在"是"的层面，即确认事实的层面。例如，确定某物是否为致癌物需进行大量的科学实验，但是，珍惜生命的判断却几乎是不言自明的。对于分配正义理论而言，即使我们承认它属于"价值判断"之列，也并不意味着它的所有重要"构件"都属于价值判断。具体到 Harsanyi 和罗尔斯的分配正义理论，它们同样存在着可以用实证理论加以描述的重要

---

① 在这一问题上颇有争论，例如，元伦理学家，如摩尔、罗斯和黑尔，虽然坚持事实与价值的二分，实际上也承认某些道德判断是属于事实层面（Ross，1930（2002）），或者承认人类道德感的来源是经验的而非先验的，而情感主义的元伦理学家甚至不认为道德判断是真正意义上的"判断"。国内的学者也存在着相反意见，例如叶航（2009）和韦森（2002）就有显著的差异。但本文并不试图细致展开对这个伦理学问题的讨论。

② 爱因斯坦在《晚年集·科学定律与伦理定律》一文中表达了相似的看法，"关于事实和关系的科学陈述，固然不能产生伦理的准则，但是逻辑思维和经验知识却能够使伦理准则合乎理性，并且连贯一致。如果我们能对某些基本的伦理命题取得一致，那么，只要最初的前提叙述得足够严谨，别的伦理命题就都能由它们推导出来"（爱因斯坦，1979）。

组成部分。移情能力的辨识和演化，就是一个实证问题而不是规范问题。最后，即使我们承认"公平"属于价值判断的层面，但是，真实世界中"人们共享的价值判断是什么"本身却是一个描述性的问题，社会群体对于公平的看法，以及它们发展出来并加以实施的分配原则和公平惯例，往往是文化演化的结果而不是伦理学家纯粹思辨的产物。经济学家和社会科学家可以把人们的公平诉求当成一种"客观事实"进行模型化和定量研究，并将人们的公平动机与价值判断整合进经济学的基础框架之中，从而打破"事实"与"价值"两个领域的分离隔绝状态，实现实证经济学和规范经济学的交汇融通。肯·宾默尔（Ken Binmore）、布莱恩·斯科姆斯（Brian Skyrms）等人结合博弈论与演化理论所撰写的各种文著，（Binmore，1998，1994，2005；Skyrms，1996，2004）以及 20 世纪后期发展起来的以实验和调查问卷为主要手段的"实证社会选择理论"（Gaertner，2009；丁建峰，2010），在笔者看来，就是这样一个研究领域。

　　肯·宾默尔的《博弈论与社会契约》是 20 世纪后期经济学家研究分配正义理论的一部巨著（magnum opus），它的基本思路是把分配正义理论建筑在"实然"的描述性理论基础之上，由此提出了"自然化"的分配正义理论。和 Harsanyi 异曲同工，宾默尔的分配正义构想也是建立在人与人之间的"移情"的基础之上的。但和 Harsanyi 不同，宾默尔细致地讨论了移情能力的演化问题。在肯·宾默尔看来，"移情"可以说是在"演化"和"公平"这两个分属事实描述和价值判断的范畴之间搭起了一座桥梁，从而把"自然规律"和"社会价值"两者连接了起来。他的这一判断，不仅在理论构建上体现了巧思，同时也把当代生物学和演化经济学的发展通过新的形式引入到社会正义理论的构建之中。

　　和 Harsanyi 和罗尔斯一样，宾默尔在著作里试图探寻的是正义的一般结构或"深层结构"，而不是千变万化的具体分配规则。在肯·宾默尔看来，我们并不是偶然地获得公平感的。分配正义的规则本身经受着来自两方面的演化力量。第一是在漫长的地质时期型塑大脑结构的生物演化的力量。这一演化力量的作用是长期的，可以追溯到二三百万年前，但实际的过程更为漫长，因为社会合作关系在黑猩猩那里已经甚为发达，而社会脑的形成则至少可以追溯到高等灵长目动物。第二是文化演化的力量。相对于生物演化，文化演化的时间跨度较短，并且演化的结果也是极为发散而多样的。但是，值得注意的是，人类的一些基本的道德原则在世界各个主要文化圈里具有潜在的一致性，即"己所不欲，勿施于人"（do as you would be done），这被亚里士多德称为"金规则"。宾默尔认为，人们的公平观念就是由这一原则演化而来的。宾默尔援引人类学家韦斯特·马克的著作，说明不同地区的原始民族即使具有极大的文化差异性，但却普遍承认金规则的有效性（Westermarck，1906）。这种"殊途同归，百虑一致"的现象，提醒研究者探究这一公平原则背后的演化基础。金规则是分配正义演化的一个重要环节。尽管它是一个道德原则，但本身可以作为公平分配的基础，因为它预设了人与人之间在自由平等基础上的"将心比心"能力，甚至"无知之幕"也可以看做是金规则的一个"操作化"和"技术化"的设置。可以说，"移情"是金规则成立和得以实施的必要条件，"移情"是自然演化的结果和心理倾向，而金规则是一个可以导出分配原则的形式框架。宾默尔的自然正义论解答了下面三个问题：第一，人与人之间的移情是如何通过演化产

生的；第二，在移情和金规则之上可以得到怎样的分配正义原则；第三，怎样保证分配
正义原则的有效性和稳定性。

　　宾默尔对第一个问题的回答并非他的独创贡献，而是对于人类学、考古学、社会学
和演化心理学家长期工作的一份简要总结。与本文第二部分的区分相类似，宾默尔也非
常细致地区分了移情和同情的具体涵义（Binmore，1994）。宾默尔从"生物演化"（宏
观种群层面的长期演化）与"个体学习"（微观个体层面的短期动态）两个角度，以跨
学科的宏阔视野总结了移情演化的起源。按照宾默尔的总结，移情能力至少在黑猩猩和
海豚那里就已经具备（Binmore，2005）。因为它们都是合作捕猎的动物，因此必须具
有相互协调一致采取行动的能力。同时，宾默尔注意到，如果生物必须通过分享食物而
生存，那就会形成一套规则以保证彼此之间的互惠（例如吸血蝙蝠如果在连续 60 小时
之内不吸血就会死亡，因此，在没有血缘关系的蝙蝠之间也形成了一套互相喂养血液的
规则（Binmore，2005）。而人类的生存恰恰是这两者的结合——他们既需要合作捕猎，
又需要互惠分享食物。由此我们不难推想，人类的移情能力和"金规则"亦起源于原始
社会合作捕猎和根块采集的时代。① 开始的时候，人类仅仅在小圈子里进行捕猎和采集
活动，因此，只需要"亲缘利他"或"亲缘互惠性"的保证即可生存。此时，比较平等
的分配原则（这一分配原则近似于罗尔斯主义的最大最小原则，宾默尔引用了十几部相
关文献说明了这一原则的跨文化稳定性（Binmore，2010）。由于最大限度地保持了生
存的概率，而成为原始部落里的可行规则。② 换言之，此时保证合作正常进行的是"同
情"，但由于"移情"是"同情"的一个必要条件，人类在具备同情能力的时候，也就
随之具有了移情能力。

　　随着合作圈子的不断扩大，人类开始在陌生人之间组织合作。此时，"同情"在合
作中的作用开始逐渐消隐，而"移情"则成为主要的范导合作行为的力量。宾默尔认
为，我们之所以拥有移情能力，根本原因"仅仅在于我们需要它们作为简略速成版本的
无知之幕设置的一个输入端，用以解决日常生活中的公平判断问题"（Binmore，
1998）。宾默尔引用文化演化理论的看法，认为移情能力是以拟子（meme，译为"文化
基因"）的形式传播的。拟子可以被看做人类所持有的具体信念，通过模仿和学习进行
复制（Binmore，1998）。宾默尔假设，如果在移情拟子的复制和变异当中出现这样一
种情况，即人们之间的移情状态成为彼此之间的共同知识，而这种共同知识又引导出了
博弈中的演化稳定均衡，那么，此时的均衡可以被称之为"移情均衡"（empathy equi-
librium），即参与分配博弈的陌生人之间也没有理由扭曲自己的移情偏好从而使自己获

---

　　① 汪丁丁教授的若干文著，提供了有关人类合作与移情起源问题的富于思辨性的中文介绍（汪丁丁，2003，
2008，第五章，第十一章）。德沃尔（Frans de Waal）教授的文著，则提供了这一主题之下最为明晰的英文介绍。

　　② 这里可能会引出基于诸如"责任"、"努力"和"激励"等因素对于罗尔斯主义的批评，但宾默尔的理论构
建可以很好地回应这些批评意见。在他的框架里，罗尔斯主义的分配方案恰恰是可以实施的最佳方案。社会选择的
任务是在既有的可行集的条件下确定目标，因此本质上是一个在多重均衡条件下选择适宜的均衡点的问题（Samuel
Bowles，2004；Ken Binmore，2005），而每个均衡点都是可以由适当的激励机制加以实现的，具体到原始部落的例
子，那些打猎较多的战士并没有分享到与他的猎物相应的份额，但这并不足以降低他的捕猎激励，因为捕猎多的猎
手就如同当代的超级巨星那样，得到部落中少女青睐的机会比其他人大得多，并且更有可能得到部落的器重（Bin-
more，2005）。

得额外的好处，演化使得社会成员彼此之间相互理解，个体之间也不需要隐瞒自己的偏好，"可以假设人们的移情偏好是共同知识。每个人都具有一组移情偏好而不是另一组，故而他们可以知晓移情偏好下的收益"（Binmore，1998，2005）。移情均衡可以被看做是社会文化的长期演化史的结果。

宾默尔对第二个问题的回答结合了博弈论和机制设计理论的成果。由于潜在的社会契约决定的分配方案有无穷多种，因此宾默尔必须设计出一种机制来挑选这些分配方案。他所设计出来的机制，就是"薄的无知之幕"和"移情均衡"的组合。所谓"薄的无知之幕"，是指博弈者知道这一博弈中和身份有关的所有信息，他唯一不知道的是自己的身份。通过这一理论构建，宾默尔证明：第一，在移情均衡下面，如果社会契约是可以被外部执行机制实施的，那么将会得到 Harsanyi 的功利主义社会福利函数（Binmore，1998，2005）；第二，如果移情均衡成立，而社会契约不可以被外部执行机制实施，那么将会推导出罗尔斯的最大最小社会福利函数，这是因为如果一个分配方案不能被强制执行，那么在分配中受到损失、得到较低效用的弱势群体会放弃合作，从而使社会进入一个帕累托较劣状态。于是，谈判不得不重新开始，最后必然会稳定在一个帕累托较优的、满足最大最小原则的点上（Binmore，1998，2005）。宾默尔认为，人类的移情能力和公平分配的原则均经过了数百万年的演化而被写入了基因之中，主要的公平原则是在农业社会之前形成的（Binmore，2007）。这也就意味着罗尔斯的"无知之幕"以及相应的正义理论尽管是一套规范理论，但却刻画了一般人在日常生活中进行分配决策时的深层思想结构或者"思维定式"，这也恰好可以解释为什么罗尔斯被称为"20 世纪最伟大的道德哲学家"（Binmore，2005，2007）。

宾默尔对第三个问题的解决思路是这样的。宾默尔把研究分配正义理论的整体结构分为"生活博弈"和"道德博弈"两层（Binmore，1998）。在"生活博弈"中有无数可以自我实施的演化稳定均衡，而"道德博弈"的任务是在这些演化稳定均衡之中进行选择（equilibrium selection）。宾默尔采取的是"辉格党人"的立场，即，他要在右翼和左翼政治观念之间进行调和（这是在英国颇为流行的"第三条道路"思想的理论化）（Binmore，2005）。右翼强调"权利优先"；左翼则认为可以根据自己的善观念任意构建乌托邦，不必考虑现实人性自利的一面。而宾默尔则把精力集中在"均衡选择"上面，不去构想非均衡的实现。由于社会博弈的确存在着多重均衡的问题，因此，我们可以认为选择出的演化稳定均衡中的每一个都是可实施的。宾默尔的贡献在于，他所设想的均衡选择问题是在每个参与人均为自利个体的假设下完成的。即使是罗尔斯的最大最小的分配规则，也可以通过运用博弈论中的"无名氏定理"（folk theorem）和相应的机制设计理论加以实现。按照宾默尔的看法，演化已经给我们的心灵和文化提供了相当多的协调工具——在演化导致的不同均衡之间，我们不但有选择的权利，而且也有选择的能力和相应的工具（Binmore，1994）。

综上所述，宾默尔以移情演化为根基、以博弈论为工具，建构起了一个理论体系，分别推导出了罗尔斯和 Harsanyi 的分配正义理论，并确定了它们分别得以成立的条件。同时，他还通过引证大量的考古学与人类学文献，概略地描绘出人们的公平观念如何从 20～150 人的血亲团体逐步扩展到彼此陌生的团体、如何演化为现代社会的公平标准以及我们又如何可以按照演化原则来规划未来的分配格局。笔者在这里疏释和概括宾默尔的理论，并非认为他的理论是一个完全正确的构建。但应当承认，宾默尔在《博弈论与社会契约》和《自然正义》中提出的正义理论，是目前最完整、最具体系性和代表性的、以博弈论和演化经济学思路探索正义问题的理论成果。在研究"无知之幕"下的分配正义理论的时候，我们可以认为他有这样或那样的疏误和不足，也可以完全不同意宾默尔的看法，但我们已经不可能绕过或无视这个理论构建。

五、演化经济学视角对分配正义理论研究的贡献和难点

通过疏释宾默尔的自然正义理论，我们可以对演化经济学对于分配正义理论的研究有一个概略性的认识。笔者认为，通过对宾默尔的自然正义理论的分疏，大致可以归纳出演化经济学对分配正义理论的如下几个贡献：

第一，通过演化博弈这一形式，演化经济学家在一定程度上实现了"契约论"与"惯例论"的融通，从而为分配正义理论的研究开拓了新的视角。[①] 众所周知，罗尔斯的社会正义理论受到古典自由主义经济学家和政治哲学家的广泛诟病的主要的原因在于：古典自由主义者（如哈耶克）认为社会正义原则不是演化的结果而是由罗尔斯自行设计出来的，因此是一个伪概念。哈耶克认为，社会正义在自发秩序中是没有意义的，"……社会正义这个说法是毫无意义的，而且使用这个说法的人，如果不是愚昧，那就肯定是在欺骗"（哈耶克，2000）。而罗尔斯则认为社会正义可以用契约的形式加以表述。由此产生了所谓"罗尔斯与哈耶克之争"。然而，站在局外人的视角上，我们应当明了：社会正义无论是作为"契约"还是作为"惯例"，都是一种隐喻。已经有不少论者指出，惯例论的一个缺陷是：它认为从长期来看，惯例就是演化力量所作的均衡选择，是不受人们的主动性和意志控制的。惯例中存在着能够长期维持，但却非常不合意的部分（如奴隶制就经历了漫长的历史）。而契约过程可以在没有先例的条件下自己确定均衡，并缩短达到均衡的时间。但不可否认，如果契约和惯例相吻合，那么契约的可执行性更高，执行成本更低。宾默尔的演化正义研究则把"契约"和"惯例"统一了起来。在宾默尔看来，社会契约就是一组共同信念，它们使得一个社会的成员去协调其努力"（Binmore，2005）。这样一来，我们不难看出，无论是"契约"还是"惯例"，作为均衡的选择机制是等价的。我们既可以通过明显的立约方式选择一个均衡，也可以通过自生自发的秩序去选择同样的均衡。在宾默尔的框架里，社会秩序本质上是一种惯例，而分配原则是和社会秩序同时并生的，即如果演化力量在多重均衡下选择了一个均衡，那么，社会秩序是对这个均衡下博弈行为（这里的"博弈"也应看作是一种具有

① 在我国的经济学界，韦森教授对习俗经济、惯例经济和宪制化经济的区分和研究，可以看做中国学者沟通"契约论"和"惯例论"的最为重要的理论贡献（韦森，2005）（第三卷《人类社会的生活形式：从习惯、习俗、惯例到制度》）。从韦森教授的论述中，我们也可以看出，习惯、习俗、惯例到制度（制序）之间，存在着一个连续的谱系和演化传承的关系，实际上可以看做是社会生活形式逐渐"硬化"的过程，尽管它们之间存在着区别，但是，却不存在绝对意义上的划分标准，韦森教授特别强调了人的理性在宪制化过程中的建构性作用，并把它看做是一个连续的宪制化过程所不可缺少的，这一看法不但可以补充自发秩序思想的不足，也和宾默尔的理论异曲同工。

"仿佛"（as-if）特点的隐喻）的一种描述，而分配原则则是对这个均衡下博弈支付的描述。于是，我们就可以在一个共生演化的视角下，拨去缠绕在"惯例"与"建构"之上的层层荆棘（不管惯例还是建构，只要能够达到自实施的均衡并在这个均衡下实现社会公平，就是合意的）。

第二，宾默尔的演化理论并没有假设康德式的绝对律令或道德前提作为"社会契约"成立的必要因素。从罗尔斯的《正义论》出版以来，他的理论的可执行性就广受诟病。反对者认为，这个"最大最小契约"根本没有考虑到"搭便车"的问题（free rider problem），因此根本不能被实施（Nozick，1974）。但在宾默尔的理论体系里，他是在协调博弈的基础上证明罗尔斯的最大最小原则的。在这里，博弈者完全是自利的"经济人"，并且罗尔斯的分配正义原则在他的理论框架下满足演化稳定条件。从一方面来看，宾默尔的"去康德化"的处理方式可能会引起很多人的反感乃至严厉的批评。但从另一个方面来看，宾默尔的贡献在于：他在一个对参与人的比较低的道德要求的基础上证成了罗尔斯主义的社会福利函数，没有借助于形而上学的假设。尽管这一方法是否符合罗尔斯教授的原意仍然值得商榷，[①] 但宾默尔的理论扩展了罗尔斯社会正义理论的适用范围，可以被看做一个理论上的巨大贡献。

第三，演化经济学可以对各种分配正义原则的实现条件和演化路径进行分析。例如，在宾默尔的理论里，给出了罗尔斯和 Harsanyi 的分配正义观念成为相应的博弈均衡的必要条件。后来的演化理论家，如布莱恩·斯凯姆斯，利用计算机仿真和演化博弈，也对各种分配原则的演化进行了检验，在一定程度上可以说是继承了宾默尔的思路（Skyrms，1996，2004）。

在这里应当指出，宾默尔在文章中所论述的道德问题，实际上仍然是在"博弈的玩法"上加以讨论的。这实际上是混淆了现实生活中作为博弈规则、确定博弈收益的道德规则（moral code）和作为形而上的实践理性"绝对律令"意义上的道德法则（moral law）。因此，在宾默尔的结论中，便有浓厚的"否定道德"的意味。应当认为，宾默尔所论的"道德"本身仍是"风俗"、"习惯"、"惯例"意义上的"形而下"的"实用律令"，和道德哲学中谈论的内在于个人心灵的道德（无上律令）不完全相关。所以，我们并不能简单地搬用康德的伦理学去否定宾默尔的理论。[②] 不过，宾默尔关于移情与公平原则的共生演化理论具有一些内在的缺陷，而这些缺陷并非宾默尔所独有。如果演化经济学要对分配正义理论的研究作出实质性的重大贡献，那么就必须正视这些问题。

首先，和其他的长程演化理论（包括生物学的长程演化理论）一样，宾默尔的演化正义论同样存在着"缺环"（missing link）过多的问题。笔者认为，宾默尔整个理论体系中最大的缺环，是从"同情"到"移情"的跳跃问题——人们是如何从"亲缘利他"

---

① 宾默尔的理论构建和罗尔斯的《正义论》差异甚大，但值得注意的是，罗尔斯教授本人以极为宽容和谦逊的态度支持并鼓励宾默尔的研究（Binmore，2005）。

② 邓正来先生曾援引哈雷姆的理论区分了"内部批评"和"外部批评"两类批评，"外部批评"是根据某一外部标准对其他人的学说进行批评。"内部批评"是"根据某一理论模式的目标来探讨这个目标究竟达到了没有，它所提出的承诺兑现了没有"（邓正来，哈耶克《自由秩序原理》中译本序言）。

过渡到在陌生人的群体里组织大规模的合作的？宾默尔对此并没有给出任何清晰的表述。第二个较为严重的缺环是从"原始部落的大规模合作"到"现代社会的大规模合作"，社会通用的分配原则是如何从接近于完全平等的分配转换成现代社会高度不平等的分配的，宾默尔也没有给出详尽的说明。第三，宾默尔用讨价还价博弈说明了正义原则的产生，但讨价还价解是否是通常意义上的正义观念仍然值得怀疑。我们容易理解，如果两个原始人的捕猎能力对称，那么完全可以把现实世界中的"不确定性之幕"转换成"无知之幕"，两个人进入无知之幕讨价还价，确定博弈均衡。但是，如果两人能力不对称，为什么还要进入这个假想的"无知之幕"讨价还价呢？

其次，和 Harsanyi 一样，宾默尔假设了无限移情或完全移情，这也是经常被批评者诟病的一个假设。尽管 Harsanyi 曾经对"接受原则"的内涵和成立条件有着自己的解释和证成（justification）方式，尽管宾默尔用严谨的数学模型推出了 Harsanyi 和罗尔斯的结论，但我们仍然不能满意于他们为了模型的精美而提出的这些假设。众所周知，尽管人们具有移情能力，而且人的移情能力在一定程度上是天生的、大脑认知模块的产物，但是，心理学家和哲学家都告诉我们，移情能力并不像 Harsanyi 假设的那样精准无碍，甚至会发生很大的偏差，原因有二：第一，人类社会的型构过程中，不仅有人与人之间互相移情的一面，还发展出了一套与移情作用方向相反的隐蔽信息的机制，例如，人类的隐私观念、害羞的观念都是无法用"移情"来加以解释的，在某种程度上，完全移情反而会造成严重的心理障碍；第二，即使移情观念具有一般性，但在具有高度异质性和极其复杂的阶层分化、职业分途的当代社会，人们很难去设身处地地理解另一个人的感情，体验他（她）所拥有的体验（诺贝特·埃利亚斯，2003）。因此，把完全移情当做实然世界中的推论基础是缺乏学术合法性的。

最后，尽管宾默尔致力于解决社会契约的稳定性问题和可实施性问题，但是在他的理论中有一个较明显的缺陷。在证明罗尔斯的最大最小原则是讨价还价博弈的一个稳定解的时候，宾默尔认为，在无知之幕下，受损的一方会重新诉诸无知之幕设置再进行讨价还价。然而，宾默尔对于"只有弱者才会反抗"的假设是不正确的。假如强势一方在"最大最小原则"之下受损严重，没有理由相信他会屈服于罗尔斯式的社会福利函数的要求。早在 1974 年，诺齐克就指出，假如"最大最小原则"严重地损害了富人的利益，那他们是不可能自愿进入罗尔斯的社会合作体系的；假如这样的国家允许自由移民，那么有才智的人都会出走（Nozick，1974）。而宾默尔的理论构建并没有认真处理和解决这一问题，他的论证隐含假设了无穷期限的讨价还价博弈，但却很难把这一理论推广开来。

由此我们可以看到，尽管演化、移情和分配正义之间在直觉上存在着联系，但是，我们也应当注意，将它们联系在一起构成一个有说服力的理论体系具有相当大的困难。我们已经论述过，这一困难并不来源于"事实与价值的分离"，即使我们仅在事实层面上来构建有关分配原则演化的模型，也会遇到如下的困难：①时间跨度的巨大使得资料非常缺乏；②分配正义的具体原则的复杂性使任何简单的概括都难以避免"过分概括"的嫌疑；③古今（传统社会与现代社会）如何衔接的问题；④目前的数学工具的不足和"科学化"的风气使研究者容易犯"以辞害意"的毛病（一个略显悖谬的评论是，尽管宾默尔采用了演化博弈作为他的基本分析框架，但他过分重视了"博弈"而忽略了"演化"）。一方面，现实中的正义原则是如此复杂；另一方面，演化理论的数学化本身又很难概括这些复杂的原则。这个问题不仅存在于对于演化正义问题的讨论，也存在于其他演化博弈的应用之中。所以，演化理论是否应当重新回到生物学、心理学和凡勃伦思想的传统中寻找出路，先"夯实"自己的理论基础，在此前提下再进行数学模型的构建？

六、小　结

上文我们以罗尔斯、Harsanyi 和宾默尔的理论为例，简略评述了演化、移情和分配正义之间的关系。以下是本文的几个初步结论。

首先，即使我们承认"应然"与"实然"之区分，也应当认为分配正义理论和演化理论之间存在着密切关系。

其次，必须给"移情"在分配正义中以必要的位置——即使罗尔斯也不能完全否认这一点。我们固然可以理解罗尔斯为了使理论纯化所持有的立场，但是，一个比较贴近于现实的分配正义理论中，"信息"是必不可少的，而"移情"可以被看做是提供信息的必要手段，也可以被看做是连接"演化"与"分配正义"的桥梁。

最后，如果要构建一套可行而合理的分配正义理论，那么对于移情的刻画应当更加细致。在苏佩斯等人看来，部分移情在很多情况下会优于完全的移情能力。所谓部分移情有两层意思。第一，决策者不是把自己代入他人的偏好之中，而仅把自己代入他人的位置。在这个位置上，决策者可以把自己的偏好作为基础，通过贝叶斯决策的方式，不断更新信息来猜测他人的偏好。第二，决策者的移情能力有不对称性，即对于痛苦比对于快乐更容易产生较为准确的移情，因此，人们对"雪中送炭"的评价会高于对"锦上添花"的评价。在部分移情的基础上，我们可以给出一套现实中比较可行的分配正义理论，这并不是说 Harsanyi 的理论构想不正确，但我们的确可以通过对移情能力的更细致的刻画，给 Harsanyi 的理论提供一个更加贴近实际的应用形式。

因此，我们不但需要像宾默尔教授那样采用演化博弈论进行研究，同时也要把视野伸向更为广泛的领域。演化博弈仅是演化理论中的一个技术性分支，演化理论对于经济学的最大可能的贡献点并不仅在于数学技术层面，更重要的是增广和拓深我们对于人性的理解。因此我们必须从另一个视角来看待演化理论与社会正义理论的互动，参考更加广泛的文献，例如，演化社会学对于"经济人"和"社会人"的分析与归类，脑科学对于人们在分配利益和分担损失的情况的扫描（Haruno and Frith，2010；Tricomi et al.，2010）。同时也必须注意到：目前有大量的实验结果与 Harsanyi 的理论不符，但是，实验证据也不能有力地支持罗尔斯的理论判断（Frohlich and Oppenheimer，1992，1994；Frohlich et al.，1987；Traub et al.，2003，2005，2009）。基本上，我们有如下的试探性的看法：合适的分配正义理论应当是罗尔斯和 Harsanyi 理论的折中（这只是就合作净收益的初始分配问题而言的，如果要讨论再分配问题，则合适的分配正义理论应当是罗尔斯、Harsanyi 和哈耶克理论的折中权衡）。但是，究竟应当如何折中罗尔斯和 Harsanyi 的理论，则需要进一步的、大量的细致工作。

参 考 文 献

阿玛蒂亚·森. 2006. 论经济不平等/不平等之再考察. 北京：社会科学文献出版社

爱因斯坦. 1979. 爱因斯坦文集. 许良英、赵中立、张宣三译. 北京：商务印书馆

陈瑞华. 1997. 程序正义论. 中外法学，（2）

丁建峰. 2010. 社会选择的实证之维——当代西方实证社会选择理论评述. 经济评论，（1）：147-153

丁利. 2006. 社会正义理论：豪尔绍尼与罗尔斯的比较. 思想战线，（2）：14-20

弗里德曼. 2008. 自由选择. 张琦译. 北京：机械工业出版社

哈耶克. 2000. 法、立法与自由. 邓正来译. 北京：中国大百科全书出版社

韩水法. 2009. 正义的视野. 北京：商务印书馆

康德. 1986. 道德形而上学基础. 苗力田译. 上海：上海人民出版社

罗尔斯. 2009. 正义论. 何怀宏，何包钢，廖申白译. 北京：中国社会科学出版社

罗卫东. 2005. 老调重弹：研究型翻译的重要——从亚当·斯密《道德情操论》的中译本说起. 浙江
    大学学报（社会科学版）

摩尔. 1983. 伦理学原理. 长河译. 北京：商务印书馆

诺贝特·埃利亚斯. 2003. 个体的社会. 瞿三江、陆兴华译. 南京：译林出版社

汪丁丁. 2003. "信誉"在从猿到人转变过程中的意义. 浙江大学学报，（2）：128-136

汪丁丁. 2008. 经济学思想史讲义. 上海：上海人民出版社

韦森. 2005. 经济学与哲学. 上海：上海人民出版社

亚当·斯密. 1998. 道德情操论. 蒋自强等译. 北京：商务印书馆

亚当·斯密. 2003. 道德情操论. 余涌译. 北京：中国社会科学出版社

亚里士多德. 1965. 政治学. 北京：商务印书馆

Binmore K. 1994. Game Theory and Social Contract，Vol. I：Playing Fair. Cambridge，Mass：The
    MIT Press

Binmore K. 1998. Game Theory and Social Contract，Vol. Ii：Just Playing. Cambridge，Mass：The
    MIT Press

Binmore K. 2005. Natural Justice. Oxford：Oxford University Press

Binmore K. 2007. The origin of fair play. http：// else. econ. ucl. ac. uk/papers/uploaded/267. pdf.
    ［2007-06-18］

Binmore. 2009. Fairness as a natural phenomenon. http：//else. econ. ucl. ac. uk/papers/uploaded/332.
    pdf. ［2009-02-26］

Borchert D M. 2005. Encyclopedia of Philosophy Vol. 4. // Pogge T. Justice. New York：Mcmillan
    Reference USA

Bowles S. 2004. Microeconomics：Behavior，Institutions，and Evolution. Princeton：Princeton Uni-
    versity Press

Broadie A. 2006. Sympathy and the Impartial Spectator. Cambridge：Cambridge University Press

Carens J. 1981. Equality，Moral Incentives and the Market. Chicago：Chicago University Press

De Quervain D J F，Fischbacher U，Treyer V，et al. 2004. The neural basis of altruistic punishment.
    Science，305：1254-1258

Eisenberg N，Strayer J. 1987. Empathy and Its Development. Cambridge：Cambridge University

Press

Elster J, Roemer J. 1991. Interpersonal Comparisons of Well-Being // Weymark J A. A reconsideration of Harsanyi-Sen debate on utilitarianism. Cambridge: Cambridge University Press. 255-320Friedman M. 1953. essays in positive economics // Friedman M. The Methodology of Positive Economics. Chicago: University of chicago Press

Friedman M. 1977-07-04. Fair versus free, Newsweek.

Friedman M. 1953. essays in positive economics // Friedman M. The Methoology of Positive Economics. Chicago: University of chicago Press

Frohlich N, Oppenheimer J A, Eavey C L. 1987. Laboratory results on Rawls' s distributive justice. British Journal of Political Science, 17 (1): 1-21

Frohlich N, Oppenheimer J A. 1992. Choosing Justice: An Experimental Approach to Ethical Theory. Berkeley U: California Press

Frohlich N, Oppenheimer J A. 1994. Preferences for income distribution and distributive justice: a window on the problems of using experimental data in economics and ethics. Eastern Economic Jounal, 20 (2): 147-155

Gaertner W. 2009. A Primer in Social Choice Theory: Revised Edition. Oxford: Oxford University Press

Harsanyi J C. 1953. Cardinal utility in welfare economics and in the theory of risk-taking. Journal of Political Economy, 61: 434-435

Harsanyi J C. 1955. Cardinal welfare, individualistic ethics and interpersonal comparisons of utility. Journal of Political Economy, 63: 309-321

Harsanyi J C. 1977. Rational Behavior and Bargaining Equilibrium in Games and Social Situations. Cambridge: Cambridge University Press

Harsanyi J C. 1978. Bayesian decision theory and utilitarian ethics. American Economic Review, 68: 223-228

Haruno M, Frith C D. 2010. Activity in the amygdala elicited by unfair divisions predicts social value orientation. Nature Neural Science, 13 (2): 160-161

Henrich J, Boyd R, Bowles S, et al. 2004. Foundations of Human Sociality: Economic Experiments and Ethnographic Evidence from Fifteen Small-Scale Societies. Oxford: Oxford University Press

Hume D. 1989. A Treatise of Human Nature. Oxford: The Clarendon Press

Lamont J, Favor C. 1996. Distributive justice. http://plato. stanford. edu/entries/justice-distributive/ ♯StrEga. [2007-03-05]

Lichtenberg J, Bornstem M, Silver D. 1984. Empathy // Reed G. The antithetical meaning of the term "empathy". Hillsdale, NJ: The Analytic Press. 12-26

Martin J. 2005. The English Legal System. London: Hodder Arnold

Nozick R. 1974. Anarchy, State, and Utopia. Oxford: Blackwell

Raphael D D, MacFie A L. 1997. The Glasgow Edition of the Works and Correspondence of Adam Smith // Smith A. The theory of moral sentiments. Oxford: Clarendon

Rawls J, Kelly E. 2001. Justice as Fairness: A Restatement. Cambridge, MA: Harvard University Press

Rawls J. 1958. Justice as fairness. The Philosophical Review, 67 (2): 164-194

Robbins L. 1935. An Essay on the Nature and Significance of Economic Science. London: Macmillan

Rosenberg J. 1961. The Measurement of Social Welfare. Englewood Cliffs, N. J.: Prentice Hall

Ross W D. 2002. The Right and the Good. Oxford: Oxford University Press

Skyrms B. 1996. Evolution of the Social Contract. Cambridge: Cambridge University Press

Skyrms B. 2004. The Stag Hunt and the Evolution of Social Structure. Cambridge: Cambridge University Press

Smith V. 1998. The two faces of Adam Smith. Southern Economic Journal, 65 (1): 1-19

Traub S, Seidl C, Schmidt U, et al. 2005. Friedman, Harsanyi, Rawls, Boulding - or somebody else? an experimental investigation of distributive justice. Social Choice and Welfare, 24: 283-309

Traub S, Seidl C, Schmidt U. 2003. Lorenz, Pareto, Pigou: Who Scores Best? Experimental Evidence on Dominance Relations of Income Distributions . http: // econstor. eu/bitstream/10419/22064/1/EWP-2003-04. pdf.

Traub S, Seidl C, Schmidt U. 2009. An experimental study on individual choice, social welfare, and social preferences. European Economic Review, 53: 385-400

Tricomi E, Rangel A, Camerer C F, et al. 2010. Neural evidence for inequality-averse social preferences. Nature, 463:

Westermarck E. 1906. The Origin and Development of Moral Ideas. London: McMillan

产业集群发展与国家赶超战略：
演化发展经济学视角

刘志高[①]，尹贻梅[②]

摘　要：本文以新兴的演化发展经济学的基本思想为理论背景，对中国产业集群的发展轨迹、方向及其突出问题进行了分析和探讨。结合演化发展经济学的相关思想及其政策价值观，论文剖析了当前中国产业集群逐底竞争的不利后果，从而建议需跳出传统的经济发展模式和理论范式思考中国集群未来的发展战略问题。经济史研究表明，从英国对西班牙、葡萄牙的赶超到美国、德国对英国的赶超，再到日韩对欧美的赶超，每个成功赶超的国家的背后无不有着一个"穷国国富论"赶超思想在起着指引和支撑的作用。本文对历史上成功赶超过程的考察和经验借鉴有利于我们实现自己的赶超目标，同时也有利于我们认清"富国的伪善"。

关键词：演化发展经济学　中国　产业集群　逐底竞争　赶超

JEL：F062　F061　F127

一、引　言

　　英国剑桥大学韩裔发展经济学家张夏准（Ha-Joon Chang）和挪威经济学家赖纳特（Erik S. Reinert）沿袭李斯特经济学说的风格，通过考察英国、德国、美国、日本和韩国等历史上成功国家的经济史、经济学说和经济政策发现，这些国家在赶超过程中都接受了一种"以知识和生产为基础的替代性教规经济学"的基本法则，即把生产、知识、创新、协同、报酬递增和由此所引致的制度变迁看做是经济发展核心。由于这一理论主要关注落后国家的不发达问题和赶超问题，所以中国学者又将它称为"穷国国富论"或"发展中国家的演化经济学"[③]。这一理论因其与当今经济学里的"正统的"、"盎格鲁—撒克逊传统"有着根本的区别，被称为一种德国传统的"另类教规"（杨虎涛和杨威，

---

　　① 刘志高，男，德国法兰克福大学生态系博士毕业，中国科学院区域可持续发展分析与模拟重点实验室、中国科学院地理科学与资源研究所助理研究员，研究方向为工业经济地理学、演化经济学。

　　② 尹贻梅，女，人文地理学博士，中国科学院地理科学与资源研究所助理研究员，研究方向为应用演化经济学，旅游规划，文化创意产业，金融地理学。

　　③ 贾根良与埃里克·S. 赖纳特共同编选的《穷国的国富论：演化发展经济学论文选》（高等教育出版社，2007年出版）是在埃里克·S. 赖纳特教授主持的"另类教规基金会"基础上系列研究的主要成果，收录的文章基本上刻画了"另类教规"所理解的经济学的基本观点。有关"另类教规基金会"及其发起人见该组织的网站http://www.othercanon.org。

2008）。由于后者继承了文艺复兴的价值观——相信人类知识永无止境的乐观主义和创新精神，贯彻了德国经济学以财富创造为核心的"生产经济学"传统[1]，并发展了当代熊彼特主义的精髓——依靠持续的创新实现国富民强的梦想，因此也被称为"演化发展经济学"[2]。

本文运用演化发展经济学的基本思想对中国产业集群发展轨迹和方向进行分析和探讨。当前中国产业集群主要依赖低成本驱动，虽然对中国经济有很大的促进作用，但是被困在全球价值链底部；同时资源环境压力日益凸显使得以往一贯的产业集群发展战略难以为继，因此我们需要跳出传统的经济发展模式和理论范式思考中国集群未来的发展战略问题。在讨论中国产业集群发展战略之前，我们有必要先看看当今的发达国家是如何实现赶超的，以及他们完成赶超后的政策变化。从英国对西班牙、葡萄牙的赶超到美国、德国对英国的赶超，再到日韩对欧美的赶超，每个成功赶超国家的背后无不都有着一个赶超思想在起着指引和支撑的作用。对历史上成功的赶超过程的考察和经验借鉴有利于我们实现自己的赶超目标，同时也有利于我们认清"富国的伪善"[3]。

二、全球历史上后进国家的赶超经验

赖纳特和张夏准都认为经济发展的核心问题是如何转向报酬递增的行业，也就是所谓的高技术行业。不同的经济活动具有不同的"质量"。高质量的经济活动一般都是当时创新最活跃的新的产业部门，具有动态的不完全竞争性，能够提供持续的技术创新，而技术创新产生的报酬递增能够通过正反馈机制将创新的成果留在创新国内部。因此，后发国家实现赶超战略最重要的和关键性的问题是，探索和发现合适自己的报酬递增的新的产业部门，并通过贸易政策、产业政策和技术政策等配合产生协同效应（Reinert，1999；杨虎涛和杨威 2008；张夏准，2007，2009）。因此，演化发展经济学特别强调被新古典经济学排斥在外的技术进步、报酬递增以及协同效应的重要性。实际上，每一部世界赶超历史无不反映了这个规律。英国的棉纺产业、德国的电器工业和化工工业、美国的电子和信息产业、日韩的汽车和电子产业等都是当时最具革命性的、创新最活跃的新产业部门。并且，这些新的报酬递增经济部门处于国家发展的核心战略位置，不仅可以带来本部门基于知识和技术的租金（Reinert，2007），即马克思所说的"超额利润"，还可以在本国范围内扩散富裕。正是这种创造技术租金的能力和租金在各个区域的不同

---

① 德国以生产为中心的经济学主要体现在德国官房学派、李斯特、桑巴特、马克思和熊彼特和以弗里曼（Freeman C.）、纳尔逊（Nelson R. R.）和伦德瓦尔（Lundvall, B. —A）等为代表的当代新熊彼特主义学者等的身上，而英语世界的盎格鲁—撒克逊经济传统是以资源最优化配置为核心的"交换经济学"，重要代表人物是斯密、马歇尔、瓦尔拉斯、萨缪尔森等。

② 中国学者杨虎涛认为"另类教规"在异质性、时空特定性、能动性与结构、回溯法等方面体现出鲜明的演化经济学特点，并主要关注后发国家如何实现赶超目标，因此是将"另类教规"又称为"演化发展经济学"。

③ 张夏准（Ha—Joon Chang）认为那些富裕国家和国际机构极力向发展中国家鼓吹自由主义的发展战略，推荐的他们正在实行的、所谓正统做法如取消的关税、补贴、外资管制等保护主义措施，通常不利于发展中国家经济发展，却有利于富更富的。他明确指出富国的动机不过是想踢开发展中国家走向富裕的梯子，阻止发展中国家沿着它们走过的道路发展。

造成了国家之间经济发展水平的差异。

为了引导本国经济进入这一报酬递增的新的经济部门，国家有必要实施一系列具有"幼稚产业保护"色彩的贸易政策和产业政策，以保护新兴的幼稚产业免于外部的竞争，培育其具备足够的竞争力，才能重新进行自由贸易，使整个世界成为自己的销售市场。例如，英国从 1485 年亨利七世即位到 1846 年废除"谷物法"的 400 年内，一直实施重商主义政策保护其纺织业，其中包括立法禁止羊毛和纺织品半成品的出口、禁止进口来自殖民地的羊毛制品和棉织品、大幅提高关税等（张夏准，2009；束克东和黄阳华，2008；梅俊杰，2009）。今天在全球推销新自由主义的美国是幼稚产业保护论的发源地，美国经济学家创立"美国体系"，与宣扬自由贸易主义的"英国体系"相对立（赖纳特，2007；贾根良和黄阳华，2007）。早于德国经济学家李斯特（Friedrich List）提出幼稚产业保护论①的是美国开国元勋、第一任财政部长亚历山大·汉密尔顿（Alexander Hamilton）。汉密尔顿 1791 年 12 月向美国众议院提交了《关于制造业问题的报告》，为独立后的美国提供了如何通过政府的作用在整体上赶超实力强大的英国的基本思路。他明确了为抵制来自海外的竞争，必须通过征收进口税，甚至禁止进口，降低对于原材料进口征收较低的关税，保护本国幼稚产业。事实上，历史上成功实现国家赶超的国家都是按照汉密尔顿思想实现从贫穷到富裕的转变的②。

需要强调的是，另类教规的幼稚产业保护主义是一个走向成功的梯子，是动态的、不断提高本国技术能力的过程。它反对将本国发展建立在静态比较优势而损失的社会福利，而主张建立基于知识和学习基础的动态比较优势来提高将来的社会福利。实际上，是否对幼稚产业进行保护并不是另类教规的精髓，它的精髓在于：①通过一定时期的对能够产生报酬递增的新兴产业进行保护，建立起本国技术创新能力；②关税保护和补贴并不意味着永远不参与国际竞争，而是在新兴产业能够参与世界市场竞争之前，使其有时间吸收新技术，形成新的组织能力（张夏准，2009）。也就是通过一定时期的保护，建立和提升本国的、源于行业内"干中学"和行业间"干中学"的技术创新能力，尤其是在关键领域。报酬递增的新兴产业的重要性不仅体现在本部门生产率方面，还能够带动其他产业部门进行创新，更重要的是还可以诱导、推动制度创新，这些重大的制度创新反过来又极大地促进了新兴技术产业的发展（王晓蓉，2005）。如德国的化学技术革命不仅奠定了德国工业经济的地位，还创造了现代大学实验室③，开创了"产学研互动"的先河。事实上，实施幼稚产业保护主义并不能保证本国技术能力的提高，这方面也有不少失败的教训，如巴西的计算机产业。1984 年巴西开始严格禁止进口计算机，

---

① 严格地说，幼稚产业保护论最早可以追溯到重商主义时期，当时幼稚产业保护论主要是为允许在冒险行业和各个新行业以及对新发明实行贸易垄断而作辩护（Viner，1937）。在 18、19 世纪，亚历山大·汉密尔顿（Alexander Hamilton，1791）、弗里德里希·李斯特（Friedrich List，1841）和约翰·穆勒（John Mill，1848）等人重新提出并发展这一理论，系统阐述了发展幼稚产业的理由和幼稚产业保护的标准。有的经济史学家认为，汉密尔顿的学说是李斯特国家主义经济学的前驱，标志着重商主义体系的成熟化。

② 更多的历史案例可以参考中国学者，如杨虎涛、杨威（2008）等的论著。

③ 即德国化学工业的先驱者尤斯图斯·冯·李比希（1803～1873），在吉森大学成立了第一个现代大学实验室。

其目的就是保护初级阶段的巴西计算机产业。但是由于巴西的科学、技术和产业机构的发展是相互分离的，没有形成良性的互动联系，结果导致巴西计算机水平落后了许多年，而消费者则要支付 2～3 倍于世界市场的价格（宋霞，2002）。因此，无论是 19 世纪和 20 世纪初的美国学派，还是李斯特的幼稚产业保护主义，还是当今的新熊彼特主义，这些很好贯彻了另类教规的学派们都强调教育、智力和技术创新的重要性。这也为我国需要大力强调加强自主创新能力建设提供了历史佐证。

另外，另类教规发现，低工资战略并不能导致社会福利的提高，赶超国家无不实行的是高工资战略。从美国学派开始，主张另类教规的学者认为高技术的产业部门更容易提高劳动生产率，同样的资本投入会带来更多利润，这样在新经济的发展过程中会随着生产率的提高走向高工资（贾根良和束克东，2008）。高工资不是高的生产成本，反映的是高生产率。产业不断进步的过程实质上是资本不断代替劳动、劳动率不断提高的过程。一个国家产业升级和劳动力技术的提高难以依赖人为地降低工资，而只能依靠技术替代劳动力。由此可见，历史上欧美、日、韩实施的就是政府干预下的"高技能、高附加值和高工资"战略。这种"三高"战略共同构成了欧美、日、韩整个社会崛起的基础，因为人的创造价值得到公正的认可，人力资本价值的持续上升才使国家经济与社会发展良性循环成为可能。而收入分配不公难以开发劳动力资源、提高高级劳动力素质，因为低收入难以保证教育、营养和医疗卫生等方面的消费的扩大，也很难刺激他们对农产品和工业制成品的需求，这样不利于劳动生产率的提高（王晓蓉，2005）。20 世纪 80 年代出现的"拉美陷阱"[①] 就说明了分配不公、社会两极分化存在着严重的问题。

简而言之，"特定的生产活动、特定的保护是富国之关键，构筑本国技术创新能力"是另类教规的核心思想，这一思想与新熊彼特学派的技术外溢理论、赤松要（Kaname Akamatsu）的"雁阵"理论、卡洛塔·佩雷斯（Carlota Perez）和克里斯托夫·弗里曼（Christopher Freeman）的技术范式是一致的，并自成体系（杨虎涛，2009）：因为选择了特定的生产活动，所以才具有技术外溢效应和报酬递增，才能使更多的本国居民得到更多的就业机会和报酬，从而完成所谓的"实际工资上涨"；因为实现了特定的知识产权保护才能不断引发对这类特定生产活动的投资；因为进行了保护性关税，才保障了学习曲线的长期陡峭性，使之免受外来竞争者的干扰，因为一旦接受外来竞争者的干扰，这一陡峭曲线就将迅速消解，而技术外溢效益就会被打破。

三、被锁定的中国产业集群困境

（一）过度依赖出口，忽视技术能力提高

中国已经是世界公认的"全球制造中心"，既是牙刷、牙膏、毛巾等日用品的生产大国，也是摩托车、玩具、洗衣机、冰箱、空调器等家用电器的主要产出国，同时中国

---

① 应该说"拉美陷阱"对发展中国家的启示是多方面的，绝不仅仅限于分配不公。但是本文需要强调的就是收入分配的不公和国家创新体系也遭到了外国资本的破坏，使得拉美经济出现了结构升级缓慢的"低增长陷阱"。有关后者参见贾根良和于占东（2006）的相关论述。

在通信器材如电话机，家用电器如彩电、收录机和计算机配件等领域，产品产量已居世界第一位。但是"中国制造"的产品有 50％是依赖加工贸易的形式出口的，即按照外国订货商的要求和国际标准生产的（红菱，2007）。很多国际知名品牌都将生产订单交给中国企业，如耐克公司 60％以上的运动鞋产于中国。这种以出口导向为主的外向型经济战略既是改革开放之初中国经济试图引进外资、实现经济突围的努力结果，也是学习"东亚模式"，尤其是日韩经验的结果。但是中国并没有学习到日韩经验的精髓（贾根良，2001）。尽管从表面上看中国与日本、韩国等国家一样，走的都是外向化发展模式，但是日韩坚持发展机器设备制造产业，而中国则走的是消费品生产出口道路；日韩在发展出口工业的同时，政府成功地构建了促进学习和新知识创造的制度环境，建立起强大的研发、生产和销售体系，而中国则将竞争力主要建立在以牺牲环境和中国员工福利为代价的低成本基础上。忽视基础研究和缺乏适应高新技术的制度创新使得中国研发和销售体系发生全面萎缩。

事实上，问题不在于出口导向的经济模式，尽管这个模式是否适合像中国这样的大国本身也有待商榷，而在于出口什么样的产品质量和产品在全球价值链的位置。日本、韩国和新加坡等国家依靠外向经济发展了国内分工和专业化能力，美国 19 世纪末也通过国内市场规模和国内市场需求的多样化使本地企业生产达到规模经济并在企业间展开竞争。而中国企业由于一直迷恋消费品制造的低成本优势，没有能够及时调整发展战略并转移到技术驱动发展战略上来，因此当金融危机到来时，中国经济模式的弊端就暴露无遗了。由于经济不景气、美国和欧洲消费需求下降以及贸易保护主义回潮，江浙、山东、广东等加工贸易企业纷纷倒闭或者破产，导致大量失业。

（二）过度依赖低成本

一般说来，产业集群的竞争优势应该来自集体行动带来的创新优势和聚集优势，而不应该来自成本优势。但目前中国的产业集群情况正相反。由于中国经济长期以来被锁定在基于低成本的比较优势认知上，所以以低廉的工业用地、低工资和各种政府优惠政策吸引外资。中国本土企业也将价格战打到了国际上，仅将中国制造的产品竞争优势限定在低价的基础上。诚然，中国的劳动力价格比欧美等国家要低得多，但是政府不能使这种客观存在的条件成为优势长期利用[①]，这样只能以牺牲本国利益来成全欧美利益。肆无忌惮地、长期地挥霍劳动力为主的低成本优势的结果就是造成中国劳动生产率较低、能源消耗大、污染比较严重，使中国一方面沦为发达国家保证其社会福利不断提升的"经济殖民地"，另一方面牺牲着本国自然生态环境。由于中国企业生产的商品多是外商委托生产，本土企业没有定价权，不仅使大量的利润被外国企业拿去，并且使国内销售的中国制造商品比在国外销售的价格还高。中国公民并不是"中国制造"的最大受惠者。因此，引发了"中国制造为了谁"的讨论。

---

① 注意：我们在这里强调的"长期"，事实上很多发达国家国家在起飞时都经历了低成本成长的过程，但是他们并没有一直将经济发展的动力寄托在劳动力为主的成本优势上，而是适时地过渡到了高工资战略，见后面的讨论。

中国产业集群陷入低成本驱动的被动局面是有着深远的国际经济背景的。20 世纪 70 年代以来，资本主义生产从"福特制"转向"后福特制"。为了激发和满足消费者潜在的、个性化的消费欲望，欧美企业的组织形式趋向水平型和网络型，开始实施所谓的"归核化"战略，即将原先属于企业内部的职能部门外包出去，使本企业只专注于某些自己擅长的、盈利最多的部分，并通过模块化构件组合并装配成顾客定制的产品或服务。这样既满足了用户个性化的需求，又可以通过网络与其他企业相互协调来完成。同时，政府为满足企业创新和柔性化、网络化发展的需要，开始从福利国家向创新国家转变。信息、通信技术的发展使得产业链纵向分解并且使向发展中国家进行大规模生产转移成为可能。因此，大批跨国公司为了规避欧美国家详尽的劳动法、最低工资保障、环境标准和日益增加的税收负担，通过外包和直接投资等方式纷纷转移到低收入国家（刘刚，2007）。

在这种历史背景下，就出现了国际劳动力市场的严重分化：第一类是根据国际市场定价的高级管理者和高级技术工作者，他们一般集中在欧美国家。第二类是集中在发展中国家劳动力市场拥有高技能的核心工人阶层。第一类和第二类工人和管理人员拥有就业保障、高工资和所有的福利待遇，成为跨国公司本土代言人和利益享有者。第三类则是外围的附属工人，他们属于半熟练的或者简单的劳动力，没有就业保障，接受低工资和低福利。中国产业集群多处于全球价值链生产低端，中国产业集群工人很多都处于外围附属的角色，为国家创造了大量外汇自己却只得到少量的利润，国民财富无法实现显著增长（贾根良和秦升，2009）。如果不及时改变这种状况，中国只不过是早期历史上欧洲殖民国家原材料供应者的翻版，中国外向型集群就有可能沦为跨国公司盘剥中国的"地理武器"。跨国公司只需要利用自以为以低工资成本取胜的外向型集群为全球生产，就可能获得源源不断的利润，而中国忙忙碌碌的广大劳工却无法享受原有福特制下的各种福利与工资待遇。

（三）被锁定在全球价值链底部

中国制造产品长期被锁定在全球价值链的低端部分，即中低档生产制造环节。除了因为我们前面讨论的中国企业研发、设计以及品牌建设等环节能力比较弱外，另一个重要的原因就是中国现代化的商业企业帝国和本土企业控制的商业网络并没有建立起来，使得中国企业在当今"渠道为王"的时代失去了定价权。因此，在原材料价格一路飙升的情况下，原本利润微薄的代工企业无法向拥有品牌并控制了销售终端的国际大买家和发包商传导成本上涨的巨大压力，结果绝大多数处于价值链低端的代工企业纷纷待工压产乃至破产倒闭。而随着大规模产业集聚造成的要素成本上升，如土地价格和劳动力工资的上涨以及各种优惠政策的到期，很多外资企业大规模地向外迁移到越南、印尼等国家。由此可见，如果中国继续坚持全球价值链底部的增长战略，不仅会受到来自全球价值链高端的大买家的进一步俘获、控制和盘剥，也会受到具有更低成本优势的其他发展中国家的挤压。我们认为中国产业集群发展思路不能仅限于去攀升欧美国家控制的全球价值链，而应该将构建中国企业控制的全球价值链作为首要工作。

中国经济长期被锁定在全球价值链底部，以投入劳动为主、技术含量不高为主要特征，这对中国经济和空间结构有着非常恶劣的影响。中国东部沿海地区近三十年来一直是中国出口经济和外国投资的重镇，已经快沦为中国发展的"飞地"，不仅没有很好地发挥其带领中西部地方产业升级的作用，反而由于本身一直被锁定在以出口为导向的劳动力密集型和资源型产品，处于利润低下的低端环节，使广大中西部地区沦为简单的原材料和劳动力输出地，地方产业升级空间非常狭小。这既是导致中国东、中、西三大地带经济增长差异的鸿沟日趋扩大的重要因素，也是中国未来发展多层次现代产业体系的重要障碍（刘志彪和张杰，2007）。由此我们可以知道，如果在未来不扭转中国集群被锁定在全球价值链底部的局面，那么包括经济空间结构在内的中国经济结构改进无疑是痴人说梦。

四、警惕富国的"伪善"

张夏准等演化发展经济学家最近一再重申德国李斯特的一个重要观点，即发达国家一旦完成追赶，为了获得穷国市场更大的份额并预防潜在竞争对手的出现而向穷国兜售所谓的"好政策、好制度"，即自由市场、自由贸易、放松管制等（张夏准，2009）。发达国家正是通过"过河拆桥"这种手段，一脚踢开了能使发展中国家爬到财富天堂的"梯子"（kicking away the ladder），并且强迫后发国家接受这种世界主义的游戏规则，而阻止发展中国家的发展，从而确保自己的优势地位。可怜的是，发展中国家往往不切实际地幻想能够得到发达国家的真诚帮助，却看不见发达国家的本来面目。张夏准把发达国家这种行径称为"伪善"（bad samaritans）。

从上面的分析可以知道，在未完成追赶之前，所有的国家无一例外地采取李斯特式的国家主义政策，但是一旦它们完成追赶后就转向斯密式的世界主义者。他们忘记了本国历史上曾经大规模实行过国有企业制度，而鼓吹私有产权和现代化的公司治理形式是好的、有效的、能够保证经济效率提高的基本制度；在知识产权上，他们也从"偷猎者"变成"猎场看守人"；他们从来不希望发展中国家实施曾经使他们走向富裕的"坏的"贸易和工业政策，如幼稚工业保护和出口补贴，而鼓吹自由贸易（张夏准，2009；杨虎涛，2009）。正是发达国家到处贩卖"好的"政策使得"富国越富、穷国越穷"（Reinert，2007）。

在历史上，为了发展经济，富国广泛地运用保护主义、工业和金融业的国有制、管制外国投资、疏于执行知识产权法律等政策，但是现在他们却告诫发展中国家不要采用，因为这些都是"坏"的政策。这种"伪善"并没有成为历史。目前，发达国家主要利用张夏准所说的"邪恶的三位一体"（unholy trinity），即国际货币基金组织、世界银行和世界贸易组织，以及形形色色的研究组织构成的"金融-知识"混合体推广新自由主义（neo-liberalism）（张夏准，2007）。新自由主义是对亚当·斯密的古典自由主义的发展，更加强调自由化、市场化、私有化；否定公有制、社会主义、国家干预；极力鼓吹、推行以超级大国为主导的全球经济、政治、文化一体化，即全球资本主义化，集中体现国际垄断资本集团的核心理论体系和价值观（程恩富，2005）。美国货币主义学派的米尔顿·弗里德曼（Milton Friedman）和新奥地利学派弗里德里希·A. 哈耶克

(Friedrich August von Hayek) 是新自由主义学派的奠基者、旗手和精神领袖。撒切尔夫人 1979 年出任英国首相、里根 1980 年当选美国总统开始用新自由主义取代凯恩斯主义，也开始为新自由主义全球化敲起征服全球的锣鼓。新自由主义在全球以各种面貌出现，如东欧和前苏联的"休克疗法"、非洲的"经济结构调整"、拉美的"华盛顿共识"等。新自由主义在第三世界制造了很多昙花一现的"奇迹"，如"智利奇迹"、"墨西哥奇迹"、"巴西奇迹"、"阿根廷奇迹"等。每一次"奇迹"都带来 GDP 的数字增长，但是也带来了日益严重的贫富两极分化以及此起彼伏的金融危机、经济危机、社会危机。20 世纪晚期，对于拉美的经济危机、东亚的金融危机和苏联"休克疗法"的失败，"新自由主义"都难逃干系（马也，2009）。如今火烧到欧美自己国内了。美国引发的金融危机不能仅仅被看成是金融监管不力等技术层面的问题，其直接原因在于新自由主义的自由放任政策。

改革开放三十年来，中国政府鉴于国有企业效率低下、民众生存困难，采取了趋向于新自由主义的主要政策建议，如强化保护私人产权、允许私人企业进入广泛领域、放松政府管制、融入全球化过程，因此出现了中国改革路径是否受到新自由主义的影响问题。尽管新自由主义者曾想"引导"我国改革路径①，但是我们更愿意将中国的改革，尤其是早期的制度变迁视为是内生力量推动的，中国人自己选择了一条适合中国国情的改革道路。这里，我们不想去讨论以前的中国改革是否是受新自由主义的影响，而是想强调，作为发展中国家的中国应该独立自主地选择自己的发展道路，既不能将包括新自由主义在内的一切来自国外的学说视为"金科玉律"，也不能视为"洪水猛兽"；既不能乱贴标签，盲目拒绝包括来自欧美在内的一些学说的"合理成分"，也不能全盘接受。对于中国，我们认为，需要的是警惕"富国的伪善"，需要的是从赶超国家的历史经验里学习，而不是按照他们建议的去做（do as they did，not as they say）。

五、跳出逐底竞争的魔咒与产业安排

当今的中国已经打开了国门，尽管各国赶超的历史为中国提供了宝贵的经验，但是加入了 WTO 就意味着不仅面临与发达国家的竞争，也面临发展中国家之间的竞争，并且这种竞争在很大程度上是一种逐底竞争（race to the bottom）。逐底竞争是指各地之间为了吸引外来投资不断地放松本地管制，从而人为地创造出更为有利的商业环境，主要包括减免国内工商税收、提供廉价土地、放松经济管制、降低环境保护标准和劳工保护标准、甚至牺牲大量环境资源（肖光恩，2007）。逐底竞争不仅表现为一国内部各区域之间的外来投资争夺战，还表现为世界范围内国家与国家之间，尤其是发展中国家之间通过设立"自由贸易加工区"、"经济特区"、"组装加工区"等特殊政策吸引外商直接投资。尽管有学者认为，逐底竞争是通向天堂的阶梯（stairway to the heaven）（肖光

---

① 新自由主义最重要的代表人物、诺贝尔经济学奖获得者米尔顿·弗里德曼曾以"对中国经济改革的几点意见"为题积极"进言"当时的国家领导人。另外，张五常多次来内地宣传新自由主义，内地多次出现的"张五常热"都可以被视为新自由主义在中国的影响性事件。

恩，2007），但是他们似乎忘记了发展中国家之间以及发展中国家内部各区域之间的逐底竞争实质是发展中国家向外国资本让渡本国公共福利和居民个人福利的过程（杨虎涛和杨威，2008；杨虎涛，2009）。

我们认为中国产业集群想要走出逐底竞争的困境，首先要审慎对待"比较优势理论"。无论是亚当·斯密的绝对成本论，还是大卫·李嘉图的比较成本，还是赫克歇尔·俄林的要素禀赋论，其基本理论观点都是，一国要素禀赋结构决定了该国的产业、技术结构，因此各国只需要从事本国自然禀赋优势的产业。但是我们不要忘记了，无论是"自由贸易政策"还是"比较优势理论"都是服务于发达国家的世界主义的贸易理论，而不是服务于后发国家的国家主义理论。尤其让人担心的是，一旦"自由贸易政策"和"比较优势理论"与全球霸权结合起来，可以说是他们就成为了破坏后进国家经济发展的、完满组合的毒药。比较优势理论安排了后进和发达国家的产业活动秩序和国际财富分配的方案，而自由贸易政策则巧妙地完成了财富国际搬运，将落后、贫困、疾病乃至战争留给了后进国家，而将阳光、休闲、高贵、富足的生活送到了发达国家。那些向第三世界鼓吹这些理论的人只是披着科学外衣的毒贩子。看似公平的自由贸易理论事实上是让后进国家安于"听从天命"，满足于给先进国家打工，供应原材料。实际上，这样会导致后进国家在国际分工中一直处于不利位置。因此，如果片面强调"先天安排的"要素禀赋对产业选择的决定作用，有可能损害一个国家长期发展的可能性，使其陷入"比较优势陷阱"（王佃凯，2002；洪银兴，1997）。后发国家的历史经验表明，后发国家完全有可能通过跨越式扶持发展的道路实现本国赶超目标。总之，在霸权主义控制的世界里，自由贸易和比较优势理论是斩断发展中国家经济发展的利器，发达国家用比较优势理论制造和固化世界经济秩序的不平等，而用自由贸易政策来护卫世界经济秩序的不平等，但当自由贸易政策损害到霸权的利益时，霸权是不惮于毁坏自由贸易政策的。这就是为什么金融危机背景下世界霸权引领的全球贸易保护抬头的原因。

按照比较优势理论的逻辑，中国就应该一直发展劳动密集型产品，而不应该发展高新技术产业，理由就是中国劳动力成本低。如果中国政府和中国企业继续接受这种比较优势理论，等于是让中国放弃发展赶超的目标，接受西方国家的国际发展秩序安排，长期为他们打工；等于是放弃中国在一些科技领域的努力，这不仅会放慢中国培育和发展新兴战略产业的速度，还将严重影响到中国经济的整体升级，使中国重新变为任人宰割的落后国家。因此，我们应该放弃这一有害中国长期竞争力的政策，实现新的贸易保护主义政策和积极扶持发展新型战略产业。这并不意味着中国放弃发展劳动密集型等传统产业，而是说要将中国决战未来的基石建立在具有报酬递增的、新兴的熊彼特式的经济活动上。需要强调和说明的是，劳动密集型等传统产业肩负着保证中国经济和社会系统正常运作的"稳定器"的重担，因此我们绝对不能放弃。这不仅是为了保证就业和社会问题，更是为了实现"低技术、高创新"的目标。但是我们更加需要知道，新兴产业部门具有报酬递增和学习效应，能够加快本国的经济发展和提高本国的整体福利，是中国经济和社会发展的"加速器"。

尽管中国在发展战略性产业、技术密集的幼稚产业时面临着缺乏资本基础、制度基础和知识基础等困难（杨虎涛和杨威，2008），但是如果积极推行下列行动，我们完全有信心相信中国完全有可能实现赶超目标。就政府而言，这些行动主要是：①完全打破形形色色的地方保护主义，建立统一开放的国内市场、降低交易成本，为中国经济转向内向型发展提供良好的市场环境；②资金和税收补贴企业的研究和开发活动，尽快提高本国产业的技术水平；③适度管制外国直接投资的投资方向，鼓励本国资本进入新兴部门；④放松对知识产业的监管，尤其是对外国知识产业的维权；⑤加大基础研究，实现产学研的良性循环。这里涉及的一个重要的课题就是中国产业集群如何嵌入全球创新网络中，并获取应得的价值。就中国集群内企业而言，需要在以下方面努力：①合理分布价值链，将设计、生产、销售在国内，乃至世界范围内合理安排，利用不同地方的资源，实现多区位经营目标；②集群企业积极实施"走出去"战略，使企业不仅限于某一产业集群和中国内部发展，应该整合全球的资源，在竞争中学会利用包括智力资源在内的全球性资源；③逐步走出制造环节，加强终端市场建设能力，培养整个产业链的控制能力；④提高设计、创新能力，逐步舍弃贴牌生产，慢慢创建自己的品牌。

六、警惕文化帝国主义与民族文化产业的崛起

我们应该看到，发达国家对发展中国家的控制是经济、政治、科技、文化等全方位的，经济实现自由经济与跨国资本运作、政治采取开放战略与政治权力运作、科技利用电子时代与全球媒介播撒、文化使用价值融合与文化资本输出等，共同形成了以美国为首的霸权。这里，我们想特别强调的是，目前席卷全球的美国消费文化和文化创意产业正成为他们手中的新王牌。好莱坞电影、迪士尼公园、广告形象、包装、音乐、牛仔裤、女式短裙等都成为了美国文化输出的工具，使大众生活在这种美国文化的重重包围之中。在很大程度上，如今的欧美文化创意产业多由跨国公司控制，如哥伦比亚三星、福克斯（Fox）等好莱坞最具实力的电影制片厂实为日本的索尼公司和澳大利亚的新闻集团（New Corporation）所控制。正如汤林森（1999）所说："文化同步化的过程与资本主义的扩散，两者自有关联……跨国公司是主要的玩家和当代文化同步化的主要代理人，大多是来自美国的跨国公司，它们设计了模拟全球的投资计划与营销策略。"目前，以跨国公司直接投资为主的"经济资本"控制和以文化创意产业为主的"文化资本"入侵实现了漂亮的联姻。

近年来，文化创意产业成为各国新的经济增长点，同时也成为各国重点出口产品。在中国，不仅《角斗士》、《彗星撞地球》、《美国丽人》等美国大片，《大长今》等韩剧受到追捧，并且迪士尼公园、美国环球影城和派拉蒙主题公园也成为中国各地投资计划的项目（尹贻梅和刘志高，2009）。欧美、日、韩等国文化产品的进入不仅带来了全球顶级奢侈品品牌店在中国的生意火爆，还刺激中国消费者购买国外一般消费品。最近几年全球顶级奢侈品品牌纷纷抢滩中国市场，劳力士（Rolex）手表、香奈尔（Chanel）和兰蔻（Lancome）的女装和化妆品、古琦（Gucci）和路易威登（Louis Vuitton）的箱包、范思哲（Gianni Versace）的时装等奢侈品的品牌店以几何倍数在中国扩张。在强大的广告攻势下，Gasoline 的牛仔裤、Puma 的运动鞋、Coca-Cola 的饮料、Mcdonald's 的快餐早已成为一种时尚。中国市场已经成为了德国的"宝马"（BMW）、美国的"悍马"、"香奈儿"等国际品牌的最大利润源。

这里，我们并不是试图回到闭关锁国的时代，反对国外文化创意产品的进入。在文化全球化时代，我们理应坚持一种"和而不同"、坚持文化多样性与和谐共处，同时强调中国文化创意产业应该充分利用现代科技，立足"内容"创新，承担起激荡中国优秀文化的历史重担。中国制造业的发达需要中国文化产业的强大，强大的文化产业能够为制造业提供强大的品牌。在这点上，韩国为我们提供了榜样，文化产业犹如一股活水将日本、韩国经济整体激活。注重设计的创意文化渗透到各个产业，逐渐把"韩国制造"提升到"韩国创作"。三星、LG 和现代汽车等著名公司成为国际著名品牌，韩国再也不是三十年前复制和盗版欧美产品的代名词了。因此，政府应该从国家发展的战略高度认识发展文化创意产业的战略意义；应大力培育和推动中国文化创意产业的发展；应该认真审查走出国门的文化创意产品，以确保其质量精良、能够反映本国文化且能够获得进口国的信赖；应引导制造企业开展工业创意活动等。

参 考 文 献

埃里克 S. 赖纳特，阿诺·曼·达斯特. 2007. 另一种教规：文艺复兴经济学史. 北京：高等教育出版社

程恩富. 2005. 旗帜鲜明地予以抵制和反对新自由主义. 求是，（3）

红菱. 2007-08-28. 大胆"引进来"，催生"世界制造中心". http：//www. ycwb. com/myjjb/2007-08/28/content_ 1598105. htm. ［2007-08-28］

洪银兴. 1997. 从比较优势到竞争优势——兼论国际贸易的比较利益理论的缺陷. 经济研究，（6）：20-26

贾根良，黄阳华. 2007. 施穆勒纲领与演化经济学的起源. 南开学报（哲学社会科学版），（4）：102-109

贾根良，秦升. 2009. 中国"高技术不高"悖论的成因及其解决办法的政策建议. 当代经济研究，（5）：44-49

贾根良，束克东. 2006. 自主创新与国家体系：对拉美教训的理论分析. 天津社会科学，（6）：82-87

贾根良，束克东. 2008. 19 世纪的美国学派：经济思想史所遗忘的学派. 经济理论与经济管理，（9）：5-11

贾根良. 2007. 创新体系与东亚模式的精髓. 南开学报，（5）：87-83

刘刚. 2007. 后福特制与当代资本主义经济制度的演变. 安徽师范大学学报（人文社会科学版），（5）：286-291

刘悦笛. 2006. 美国文化产业何以雄霸全球?. 粤海风，（2）：14-26

刘志彪，张杰. 2007. 全球代工体系下发展中国家俘获型网络的形成、突破与对策. 中国工业经济，（5）：39-47

刘志高，尹贻梅. 2009. 演化经济学、学术自觉与中国贡献. 中国地质大学学报（社会科学版），（5）：49-84

马也. 2009. 发出自己的声音：美国金融危机和新自由主义在拉美的命运. 红旗文稿，（3）：

梅俊杰. 2009. 自由贸易的神话：英美富强之道考辨. 上海：上海三联书店

普德法. 2007. 深圳工业企业成规模外迁引发当地忧虑. http：// news. sina. com. cn/c/2007-11-13/

035114291940. shtml. ［2007-11-13］

束克东，黄阳华. 2008. 演化发展经济学与贸易政策新争论的历史背景. 经济社会体制比较，（5）：33-38

宋霞. 2002. 巴西的信息产业政策初探. 拉丁美洲研究.（6）：48-60

汤林森. 1999. 文化帝国主义. 上海：上海人民出版社

王佃凯. 2002. 比较优势陷阱与中国贸易战略选择. 经济评论，（2）：28-31

王缉慈，李鹏飞，陈平. 2007. 制造业活动地理转移视角下的中国产业集群问题. 地域研究与开发，26（5）：1-5

王晓蓉. 2005. 后发展国家创新体系建设的两条道路与经验借鉴. 天津社会科学，（6）：81-85

肖光恩. 2007-06-08. 底部竞争，难道就是工人的宿命? 经济学消息报.

杨虎涛，杨威. 2008. 另类教规：如何另类? 能否另类?. 经济社会体制比较，（5）：54-59

杨虎涛. 2009. 演化经济学讲义：方法论与思想史. 北京：教育部高校社科文库丛书

尹朝安. 2002. 现代化赶超中的制度创新：历史考察与理论分析. 中国社科院博士论文

张夏准. 2007. 富国陷阱——发达国家为何踢开梯子. 北京：社会科学文献出版社

张夏准. 2009. 富国的伪善：自由贸易的迷思与资本主义秘史. 北京：社会科学文献出版社

Grabher G. 1993. The embedded firm; on the socioeconomics of industrial networks. // Grabher G. The weakness of strong ties: the lock-in of regional development in the Ruhr area. London, New York：Routledge. 255-277

Maskell P, Malmberg A. 2007. Myopia, knowledge development and cluster. Evolution Journal of Economic Geography，7（5）：603-618

Reinert E S. 1999. The role of the state in ewnomic growth. Journal of Economic Studies，26（4/5）：268-326

Reinert E S. 2007. How Rich Counries Got Rich... and Why Poor Countries Stay Poor. London：Constable & Robinson

Yimprasert J，Hveem P. 2005. The race to the bottom: exploitation of workers in the global garment industry. Occasional Paper Series of Norwegian Church Aid

产业空间集聚影响因素探究
——基于上海地区工业行业的面板数据分析

郑　敏[①]，张旭昆[②]

摘　要：本文采用面板数据回归的方法，利用 2000～2008 年上海地区工业行业的面板数据，检验了影响产业空间集聚的因素。研究的主要发现是：①产业间关联效应、地方专业化水平、平均企业规模等因素对产业空间集聚有正面效应，其中最重要的因素是地方专业化水平和产业间的关联效应；②劳动密集型产业与产业空间集聚呈负相关关系，即劳动密集型产业在上海地区空间布局上是趋于发散的；③经济政策因素也是导致产业空间集聚的重要因素。

关键词：产业空间集聚　第一自然　第二自然　经济政策
JEL：F062　F061　F127

一、理论背景与相关文献回顾

产业空间集聚是经济发展过程中出现的一种独特的经济现象，表现为经济活动在地理空间范围内越来越集中于某个区域，该现象具有世界普遍性。例如美国大部分制造业集中在东北部和中西部的少数地区，在我国东部沿海地区形成以中小企业集聚为主体、以专业化协作为纽带的产业集聚（张华和梁进社，2007）。最早对这种经济现象做直接研究的是英国经济学家马歇尔，主要从规模经济和地方化经济的角度出发解释产业集聚形成的原因。

自马歇尔之后，经济学家和地理学家开始关注产业空间集聚现象。在传统的经济地理理论和新古典贸易理论里，产业的空间集聚主要是由外生的自然资源、地理优势等初始禀赋条件决定的。新经济地理学将自然资源、地理优势等初始禀赋条件称为第一自然因素。然而，第一自然因素无法解释以下两种经济现象：一是某些在自然条件或要素禀赋方面并不具有优势的地区成为工业集聚的中心；二是两个在自然条件和要素禀赋方面非常相似的地区在空间上形成不同的工业集聚或产业结构。对于这些问题的探索，新经济地理学提出第二自然因素以解释在没有资源和要素禀赋的情况下集聚的产生。

以 Krugman 为代表的新经济地理学建立在垄断竞争、产品的差异性及规模报酬递

---

① 郑敏，女，浙江江山人，宁波大学商学院区域经济学研究生，研究方向为区域经济发展、产业经济。

② 张旭昆，男，浙江杭州人，宁波大学商学院、浙江工商大学商学院、浙江大学经济学教授，主要研究方向为制度经济学、西方经济学、经济学思想史。

增的假设前提下，分析产业集聚形成的原因。他们的研究表明向心力的存在导致产业空间集中，而向心力主要来源于产业之间的投入产出联系，主要包括产业的前向联系和后向联系。

关于产业空间集聚影响因素的检验，许多学者已作了相关研究。大部分研究集中于美国和欧盟，如 Kim（1995，1998）、Ellison 和 Glaeser（1999）、Rosenthal（2001）、Bruhart（2005，2007）等。其中，Rosenthal（2001）对产业集聚的影响因素作了比较系统的研究，主要分析了自然资源、运输成本、劳动力市场及规模外部性对产业集聚的影响，并指出行政等级的不同，其主要集聚影响因素也不同。

在国内，关于产业空间集聚的研究是在 2000 年以后才开始的。徐康宁等（2003）、文玫（2004）等以省为空间范围考察我国产业空间集中的程度和变动趋势。梁琦和吴俊（2008）主要利用新经济地理学的分析框架，分析外商直接投资与财政收入转移对产业集聚的影响。然而，直接对影响产业空间集聚因素进行研究的文献并不多。金煜等（2006）做出开创性工作，构建了基于经济地理、新经济地理和经济政策的分析框架，运用省级面板数据对产业集聚因素进行实证检验。江曼琦和张志强（2006，2008）将集聚经济的微观基础归纳为外部性的利益、规模经济利益、分工和专业化利益 3 个方面，并对这 3 个因素进行了实证检验。此外，白重恩等（2004）、王小鲁和樊纲（2004）分别从地方保护主义和生产要素角度检验了其对产业集聚的影响。

虽然关于产业空间集聚的研究已有相当的成果，但大部分研究存在以下两个问题：第一，当前的许多文献主要从全国视角出发研究产业集聚，对省级或省以下的地区研究较少。而 Rosenthal（2001）指出影响产业空间集聚的主要因素会因行政等级的不同而不同。第二，许多研究相对忽略经济政策的作用，而 Fujita 和 Hu（2001）的研究表明中国倾向于沿海地区的经济政策是地区经济差异扩大的影响因素之一，并且金煜等（2006）明确指出经济政策在中国工业布局中的作用是不容忽视的。

综合前人研究成果，本文以上海地区为研究对象分析产业空间集聚的影响因素。上海市是中国经济实力最强的城市之一，腹地深，经济功能强大，辐射范围广，工业密度一直位居全国首位，对其检验产业空间集聚的影响因素有较强的典型意义。

本文的结构如下：第二部分提出计量模型，并对数据和变量的含义进行解释；第三部分报告实证的结果；第四部分是总结与启示。

二、产业空间集聚的计量经济学分析

（一）计量模型

本文综合考虑劳动和资本要素禀赋、企业规模、地方专业化及产业间联系等因素对产业空间集聚的影响，并引入虚拟变量检验经济政策对产业空间集聚的影响。构建的面板回归方程为

$$recon_{it} = \beta_0 + \beta_1 labin_{it} + \beta_2 capin_{it} + \beta_3 linkage_{it} + \beta_4 lq_{it} + \beta_5 scale_{it}$$
$$+ \beta_6 Dlinkage_{it} + \beta_7 Dlq_{it} + u_{it}$$

式中，recon$_{it}$代表上海地区 i 产业 t 年的产业相对集中水平，labin$_{it}$、capin$_{it}$分别代表上海地区 i 产业劳动力、资本在 t 年的密集程度，lq$_{it}$代表上海地区 i 产业在 t 年的区位商，linkage$_{it}$代表上海地区产业之间的投入产出联系，scale$_{it}$代表上海地区平均企业规模，虚拟变量 D 代表经济政策。上海地区制定了六个重点发展工业行业政策，本文将这六个重点发展工业行业的虚拟变量设为 1，其他行业的虚拟变量设为 0，并假设政府政策是通过产业间的联系与地方专业化来影响产业的空间集聚差异，因此将虚拟变量以乘法的形式引入模型检验其对产业空间集聚的影响。

（二）变量定义

关于衡量产业集聚的指标很多，主要有 Isard 指数、熵指数、集中曲线、Herfindal 指数、区位 Gini 系数、EG 指数、Krugman 产业相对集中程度等。由于数据的可获得性及研究区域的特点，本文采用 Krugman（1991）相对地理集中度作为衡量空间集聚的指标。

关于产业之间的投入产出联系最有效的指标是产业间的投入产出表，但投入产出表的统计口径与统计年鉴上的口径有所不同，因此本文采用 Midelfart（2003）替代变量法进行处理。即使用单个行业的产品成本费用占全部行业的成本费用比例作为替代变量，成本费用在一定程度上反映了一个产业与其他产业之间产品的投入产出联系。具体指标计算方法如下：

（1）相对地理集中指数（recon$_{it}$）。recon$_{it}$ $= | x_{it} - X_{it} |$，其中 x_{it} 代表 t 时刻上海地区 i 产业占上海地区工业产业产值比例，X_{it} 代表 t 时刻全国 i 产业占全国工业产值比例。相对地理集中指数指某经济活动的地区分布不同于平均分布的程度，当某产业空间分布与整个制造业空间分布一致时，该指数的取值为 0。它排除了地理单元大小差异的影响，一定程度上反映产业空间集聚的程度。

（2）劳动要素密集程度（labin$_{it}$）。labin$_{it}$ $= \left| \dfrac{L_{it}}{T_{it}} - \dfrac{\sum L_{it}}{\sum T_{it}} \right|$，其中 L_{it} 代表上海地区 t 时刻 i 产业的就业人数，T_{it} 代表上海地区 t 时刻 i 产业产值，$\sum L_{it}$ 表示全国 t 时刻 i 产业的就业人数，$\sum T_{it}$ 表示全国 t 时刻 i 产业产值。

（3）资本要素密集程度（capin$_{it}$）。capin$_{it}$ $= \left| \dfrac{\text{fix}_{it}}{T_{it}} - \dfrac{\sum \text{fix}_{it}}{\sum T_{it}} \right|$，其中 fix$_{it}$ 表示上海地区 t 时刻 i 产业的固定资产净值年平均余额，T_{it} 代表上海地区 t 时刻 i 产业产值，$\sum \text{fix}_{it}$ 表示全国 t 时刻 i 产业的固定资产净值年平均余额，$\sum T_{it}$ 表示全国 t 时刻 i 产业产值。

（4）产业间联系（linkage$_{it}$）。linkage$_{it}$ $= \dfrac{\text{cost}_{it}}{\sum \text{cost}_{it}}$，cost$_{it}$ 表示上海地区 t 时刻 i 产业产品的销售成本费用，$\sum \text{cost}_{it}$ 表示上海地区 t 时刻所有产业的销售成本费用。

（5）地方专业化水平（lq$_{it}$）。lq$_{it}$ $= \dfrac{x_{it}}{X_{it}}$，其中 x_{it} 代表 t 时刻上海地区 i 产业占上海地区

工业产业产值比例，X_{it} 代表 t 时刻全国 i 产业占全国工业产值比例。

（6）平均企业规模（scale$_{it}$）。$scale_{it} = \dfrac{output_{it}}{N_{it}}$，其中 $output_{it}$ 代表上海地区 t 时刻 i 产业产值，N_{it} 代表上海地区 t 时刻 i 产业的企业个数。

（三）数据来源

本文主要数据来源于《上海统计年鉴（2001～2009）》、《中国统计年鉴（2001～2009）》中各年 31 个 2 位数产业限额以上的工业企业经济效益指标的相关统计数据。2004 年全国工业分行业统计数据来源于《2004 年中国经济普查年鉴》。由于全国和上海地区工业统计数据在统计口径上不一致，为了保持数据样本的一致性，在回归分析的过程中略去了煤炭采选业、石油和天然气开采业、非金属矿采选业、工艺品及其他制造业、废弃资源和废旧材料回收加工业等 5 个行业数据，样本中包含的是食品加工业、食品制造业等 31 个行业 9 年的统计数据，一共 279 个样本。

三、计量分析结果及说明

本文使用 Eviews6.0 对模型进行拟合，具体回归结果如表 1 所示。方程（1）～（4）的回归，由于计算的 F 统计值拒绝建立混合效应模型，因此建立个体效应模型；HUSMAN 检验拒绝个体随机效应模型，因此建立个体固定效应模型。在回归方程中加入 AR 项，以克服回归中存在的自相关性。

面板回归方程（1）主要是检验要素禀赋对一个产业的空间集聚的影响，采用的解释变量是 labin$_{it}$ 和 capin$_{it}$。在面板回归方程（2）中加入新解释变量 linkage$_{it}$ 和 lq$_{it}$，以检验产业之间的联系以及地方专业化对一个产业空间集聚的影响程度。面板回归方程（3）中加入平均规模变量 scale$_{it}$，平均规模在一定程度上能衡量规模经济的大小，因而在一定范围内可以较好地解释规模经济对产业空间集聚影响程度。面板回归方程（4）中引入以乘法方式表示的虚拟变量 Dlinkage$_{it}$、Dlq$_{it}$，用以估计在上海产业空间集聚过程中，政府经济政策所起到的作用。

表 1　产业空间集聚影响因素估计（被解释变量为相对地理集中指数 recon$_{it}$）

解释变量	模型（1）	模型（2）	模型（3）	模型（4）
labin$_{it}$	−0.015	−0.016	−0.009	−0.032
	(−0.452)	(−0.571)	(−0.329)	(−1.121)
capin$_{it}$	0.002*	0.003***	0.003***	0.003***
	(1.665)	(3.256)	(3.217)	(3.560)
linkage$_{it}$		0.382***	0.406***	0.195***
		(8.041)	(8.642)	(3.159)
lq$_{it}$		0.004***	0.004***	0.004***
		(4.849)	(4.207)	(5.990)
scale$_{it}$			5.31E-05	3.91E-05***

解释变量	模型 (1)	模型 (2)	模型 (3)	模型 (4)
			(1.241)	(2.740)
$Dlinkage_{it}$				0.232***
				(2.685)
Dlq_{it}				0.021***
				(5.257)
C	0.013	−0.004	−0.004	−0.009
	(29.079)	(−2.706)	(−3.185)	(−7.410)
R^2	0.982	0.984	0.985	0.993
$\overline{R}^2$	0.979	0.982	0.983	0.992
DW 值	1.863	2.000	2.081	1.748
AR (1)	0.652***	0.709***	0.715***	0.571***
	(13.497)	(15.839)	(16.175)	(11.300)

注：括号内数字为 t 检验值，＊＊＊表示在1%水平上显著，＊＊表示在5%水平上显著，＊表示在10%水平上显著，不加标志表示统计上不显著。

　　从 (1)～(4) 的面板数据回归的结果，我们可以确定上海地区产业空间集聚是受多重因素影响的，忽视哪个因素都会影响实证结果的可信度。综合分析，我们可将影响上海地区产业空间集聚的各种因素作用归结如下：

　　(1) 要素禀赋因素的作用。从回归结果看，资本要素禀赋对上海地区产业空间集聚的影响大，且资本密集程度对产业空间集聚的影响是正的，这与新古典贸易理论相吻合，产业内资本密集程度越高，则其在空间布局上越趋于集中。而劳动要素禀赋对上海地区产业空间集聚的影响并不显著，且影响是负的，这与江曼琦和张志强 (2008) 在检验滨海新区产业空间集中影响因素所得出的结论是一致的。上海近几年为促进经济发展、加快经济转型，已逐步将劳动密集型产业向外转移，劳动密集型产业在空间布局上处于分散趋势，因此劳动要素对产业集聚的影响力越来越小。

　　(2) 产业间联系、地方专业化与平均企业规模的作用。从回归结果中我们可以看出，在上海地区产业空间集聚的过程中，产业间的联系与地方专业化水平的作用是最大的，且两者的影响都是正的，即产业之间的联系越紧密，产业在空间分布上越趋于集中。这在一定程度上检验了新经济地理学中的产业前向联系和后向联系的存在。地方专业化程度越高，也越能促进产业在地理上的集中。平均企业规模对产业空间集聚的影响也很显著，在一定程度上验证了规模经济对产业空间集聚的影响。

　　(3) 经济政策的作用。在模型中，我们预期政府的经济政策是通过产业间的联系和地方专业化水平影响产业空间集聚，从回归结果中可以看出，经济政策的 t 统计量很大，仅次于产业间联系和地方专业化水平，且作用方向为正，表明政府经济政策对上海地区产业空间集聚起促进作用。因此，上海政府制定的六个重点发展工业行业的政策影响着上海地区产业空间分布状态。

四、结论与启示

　　产业空间集聚的影响因素相当复杂，忽略任何因素都会影响计量检验的结果。本文利用 2000 年~2008 年上海地区工业行业的面板数据检验了要素禀赋、产业间联系、地方专业化水平、平均企业规模及经济政策对上海地区产业空间集聚的综合作用，实证检验结果表明：

第一，产业间前后向关联程度的增强、地方专业化水平的提高、平均企业规模的扩大有利于产业空间集聚。这一方面检验了新经济地理学中产业间的前向联系、后向联系及收益递增性的存在；另一方面也说明了产业空间集聚的经济利益来源于外部经济和内部经济，且外部经济的作用大于内部经济的作用。

第二，第一自然因素对产业空间集聚有一定的影响，其中资本密集型产业对产业空间集聚的作用较大，并且起促进作用，而劳动密集型产业对产业空间集聚的影响为负，且影响并不显著。

第三，检验了经济政策作用的存在。除了以上因素外，经济政策也是导致产业空间集聚的重要因素。与其他学者的结论有所不同的是，本文得到的结论是经济政策对产业空间集聚的影响为正。

参 考 文 献

白重恩，杜颖娟，陶志刚等. 2004. 地方保护主义及产业地区集中度的决定因素和变动趋势. 经济研究，（4）：29-40

江曼琦，张志强. 2008. 产业空间集中影响因素探究——基于天津滨海新区制造业 32 个产业的面板数据分析. 南开经济研究，（1）：143-152

江曼琦. 2006. 从聚集经济利益谈我国城乡经济发展问题. 学习与探索，（6）：180-183

金煜，陈钊，陆铭. 2006. 中国的地区工业集聚：经济地理、新经济地理与经济政策. 经济研究，（4）：79-89

梁琦，吴俊. 2008. 财政转移与产业集聚. 经济学，（4）：1247-1270

藤田昌久，保罗·克鲁格曼，安东尼·J. 维纳布尔斯. 2005. 空间经济学：城市、区域与国际贸易. 梁琦译. 北京：中国人民大学出版社

王小鲁，樊纲. 2004. 中国地区差距的变动趋势和影响因素. 经济研究，（1）：33-44

文玫. 2004. 中国工业在区域上的重新定位和聚集. 经济研究，（2）：84-94

徐康宁，冯春虎. 2003. 中国制造业在地区性集中程度的实证研究. 东南大学学报（哲学社会科学版），（1）：37-42

张华，梁进社. 2007. 产业空间集聚及其效应的研究进展. 地理科学进展，26（2）：15-24

Bruhart M, Mathys N. 2007. Sectoral agglomeration economics in a panel of european regions. Working Paper, University of Lansanne

Bruhart M, Traeger R. 2005. An account of geographic concentration pattern in Europe. Regional Science and Urban Economics, (35): 597-642

Ellison G, Glaeser E. 1999. The geographic concentration of an industry: does natural advantage explain agglomeration. American Economic Assciation Papers and Proceedings, 89: 311-316

Fujita M, Krugman P, Venables A J. 1999. 空间经济学：城市、区域与国际贸易. 梁琦译. 北京：中国人民大学出版社

Kim S. 1995. Expansion of markets and the geographic distribution of economic activities: the trends in US regional manufacturing structure 1860-1987. Quarterly Journal of Economics, (110): 881-908

Kim S. 1998. Economic Integration and Convergence：US Region，1840-1987. The Journal of Economic History，(58)：659-683

Krugman P. 1991. Geography and Trade. Boston：MIT Press

Marshall A. 1920. Principles of Economics. London：MacMillan

Midelfart-Knarvik K H，Overman H G，Redding S et al. 2003. The location of European industry. European Economy，Special Report，No. 2，European Commission Office for Official Publications，Luxembourg

Rosenthal S S. 2001. The determinants of agglomeration. Journal of Urban Economics，(50)：191-229

研发能力、外部性与市场结构
——以知识寻供型研发为例的模型分析①

吉生保②，张振华③

摘　要：文章通过构建一个双寡头两期博弈模型，将市场结构的选择内生化。以知识寻供型研发为例，研究显示，厂商之间是否会发生"研发跟进"依赖于双寡头一方的研发能力以及因研发成功而带来的产品替代性程度的变动。具体而言，一方研发能力越强，研发成功的概率越大，产品表现出来的特征差异也就越大，从而，这种正的外部性占据主导，使得另一方越没有动力进行研发跟进，甘于作为追随者，此时市场结构表现出 Stackelberg 双寡头模式；但是如果研发导致产品替代性程度降低不大，作为追随者利润降低的负外部性占据主导，这时就会发生研发跟进，市场结构相应地表现出 cournot 双寡头模式。作为比较，本文给出了社会福利角度下的最优市场结构。鉴于以上分析，最后一部分给出结论和建议。

关键词：知识寻供型研发　研发能力　外部性　市场结构　社会福利
JEL：F276　F062　F016

一、引言及相关文献综述

随着中国市场化改革持续、深入的进行，原有的市场结构发生或者正在发生着变化。一方面，在传统上有优势的行业中，市场的后进入者（追随者）、尤其是外商企业发展势头迅猛，大有超过原来领先者的态势；另一方面，在一些原来不具有优势的行业，本土企业作为后进入者（追随者），同样发展迅速（谢申祥和李长英，2008）。以我国汽车产业为例，随着外商企业的进入，产业的组织结构发生了显著的变化，生产集中度显著提高，形成了一批实力日趋相近、生产规模较大的汽车厂商，进而形成了若干竞争性寡头市场格局（张纪康，1999）。

同时，中国汽车企业的自主创新能力尚有不足，较多地依赖模仿和接受外商企业的

---

① 本文得到了南开大学国际汽车研究中心"国际经济中汽车专利及其工业技术"项目的资助，南开大学跨国公司研究中心主任冼国明教授也给予本文相应的指导，在此一并表示感谢。当然，文责自负。
② 吉生保，男，南开大学国际经济研究所博士生。
③ 张振华，男，南开大学国际经济研究所博士生。

技术转移。纵览美日韩等国汽车产业的发展历程，世界汽车产业大国的成功精髓无不源于自主创新的成功（杜言宾，2009）。汽车产业作为国民经济和社会发展的重要支柱，其未来的发展和市场格局的变化依赖于技术创新，而研发则是形成自主技术能力的关键。毋庸置疑，作为人力资本和技术资本不断积累的结果，研发能力的增强和研发活动在这一过程中起着举足轻重的作用。同时，内生经济增长理论认为研发的外部性会导致经济增长、促进社会福利的改进，包括 Romer（1986）强调的技术外部性和 Lucas（1988）强调的人力资本外部性都印证了这一点。那么，研发能力和研发活动会产生什么样的外部性？研发能力和外部性如何影响厂商的研发动机和市场结构？在这一背景下如何引导厂商作出有利于社会福利改进的决策？对此，文章以知识寻供型研发为例，通过建立线性双寡头模型，以期探究研发能力、外部性与市场结构之间的关系。

目前，国内外关于研发的研究多数是从外部性与市场结构两个切入点进行的。首先，d'Asprement 和 Jaquemin（1988）最早地基于外部性因素提出了合作研发的概念和模型，并与非合作情况下的研发进行了对比，认为由于外部性的存在，厂商合作研发较不合作可以提高相应的利润水平。但是也有研究认为如果合作研发导致在研发领域以及产品市场的串谋（collusion），那么厂商的研发努力就会下降，从而对社会福利造成负面影响（Jorde and Teece，1990）。此后出现的以"溢出"（spillover）特征为对象的研究大部分都属于这一类。[①] 其次，有关研发与市场结构关系的研究除包括边际成本的降低与排他性专利因素，还有研究强调产品差异化的影响（郭晓曦，2004）。Singh 和 Vives（1984）较早提出了便于产业组织分析的双寡头差异化产品模型，Harter（1993）在 Hotelling（1929）线性模型的基础上考察了无限期界内利用 Poisson 发现过程刻画的无记忆性研发，发现作为固定成本的研发投入的高低直接决定着厂商参与研发过程的积极性以及产品的差异化程度；鲍世亨和黄登兴（2008）利用 Singh 和 Vives（1984）的模型探讨了市场规模与厂商区位选择的关系，认为在满足市场完全覆盖的前提下，市场规模足够大是导致厂商集聚、竞争加剧的一个重要原因。在上述文献假定对称寡头的基础上，Lambertini 和 Rossini（1998）分别研究了 Cournot 与 Bertrand 情形下研发与产品差异化选择的问题，认为由于外部性原因，在上述两种情况下厂商都倾向选择无差异产品进行竞争。但是，作者为了着重强调两种情况下的对比，对"研发-生产"两阶段博弈作出了过分苛刻的假定，例如，在研发阶段，作者规定厂商只能进行 {0，k} 式的二元选择（k＞0），而且，产品差异化也是先天给定的，只依赖于厂商是单边还是双边进行研发投资，这些假定在便于作者分析的同时也限制了分析方法的使用。[②]

近几年对合作研发内容的丰富极大地扩展了以外部性作为切入点进行的研究。Qiu 和 Tao（1998）考虑了两种类型研发合作：①两厂商分享研发投资带来的收益，即边际成本同时依赖自己和对方的研发投资，被称为"研发合作（R&D collaboration）"；

---

① 当然，与研发领域存在"溢出"一样，FDI、地方财政税收等同样存在"溢出"现象；但是，囿于数据和理论的限制，相比后者，目前对研发领域"溢出"效应的经验研究还比较缺乏。

② 作者在文章中只对均衡进行了比较静态分析，略显单薄。实际上，鉴于研发投入不影响厂商平均成本以及（隐含的）研发一定能成功的假设，在作者的分析框架下无法考察研发能力的演进对均衡市场结构以及社会福利最优市场结构的影响，而这一点正是本文的一个努力方向。

②为了不致在研发领域过度投资，厂商选择研发投资以最大化自己和对方的利润之和，称为"研发协作（R&D coordination）"。Okamuro（2007）总结前人对合作研发的研究，将研发领域的合作按亲密程度由浅入深依次分为合作研发（cooperative R&D）、合伙研发（research partnership）、合营研发（research joint venture，RJV）以及财团研发（research consortia）。上述扩展都可以视为对合作形式的研究，但是对研发本身的研究却没有相应地跟进。举例而言，上述文献都先天地假定研发给厂商带来收益的途径是边际成本的降低，但是，正如 Qiu 和 Tao（1998）在承认研发"利润动机"（profit motive）的同时强调研发的"战略动机"（strategic motive），研发给厂商带来收益（增强竞争能力）的途径是多样的，而这种多样性源于不同种类的研发对厂商的影响的不同。

Ito 和 Wakasugi（2007）在前人研究的基础上，按照研发活动发生在厂址还是研究性实验室，对研发活动进行了分类，如表 1 所示。其中，Ⅰ 型研发由于只在生产厂址进行，离具体的生产环节最近，从而研发成功的可能性较大，但是相应的创新程度可能较小；相比之下，Ⅳ 型研发由于只在研究型实验室进行，不直接参与具体的生产环节，从而可能产生较大程度的创新，但是研发成功的可能性相对较小。[①] 遗憾的是，按照作者的划分，目前已有的文献多数都关注 Ⅰ 型研发，而对 Ⅱ、Ⅳ 型研发关注不够。鉴于已有文献较多地关注研发通过降低厂商的边际成本而使厂商获益的情况，本文拟以 Ⅳ 型研发为例，从理论上研究研发及其外部性与市场结构之间的关系。

表 1　在生产、非生产情形下研发机构和研发功能的对应情况

生产 （厂址）	研究型实验室	
	否	是
是	Ⅰ 生产辅助型研发	Ⅱ 生产辅助型兼知识寻供型研发
否	Ⅲ 无研发	Ⅳ 知识寻供型研发

资料来源：Ito 和 Wakasugi（2007），笔者依据需要对表格内容进行了相应的删节和调整。

文章其他部分结构如下：第二部分是模型的构建及相关假设的提出；第三部分是相关假设的理论分析；第四部分是模型分析的政策含义。

二、模型的构建及相关假设的提出

（一）模型的构建

假定行业中有两个厂商，分别记为下标 i，$j(i \neq j)$，在最终产品市场上进行产量竞争。如果两厂商都不进行研发，则两者面临共同的市场反需求函数 $P = 1 - Q_i - Q_j$ 且同时行动，其中，P、Q_i 以及 Q_j 分别表示市场价格以及两厂商各自的产出。如果 i 厂商

---

　　① 如果从商业价值或者市场生命力的角度来考察，这里的结论显然还要放大。实践当中以"沉睡专利"（sleeping patents）为代表的专利成果市场转化率较低就是一个说明。当然，不排除有些"沉睡专利"是厂商串谋的结果或者有意作为一种对潜在进入者的战略威慑（郭晓曦，2004）。

付出固定成本 d_i 进行研发而且研发成功，则面临的市场反需求函数相应地变为 $P_i = 1 - Q_i - r_i Q_j$，否则，反需求函数仍与基准模型一致，其中 $r \in [0, 1]$ 表示产品之间的关系，$p \in [0, 1]$ 表示研发成功的概率。① 在 i 厂商研发投资的情况下，如果 j 厂商研发跟进，则无论其研发成功与否，面临的市场反需求函数相应地变为 $P_j = 1 - Q_j - r_j Q_i$，两者继续在市场上同时行动，返回 Cournot 竞争模式；如果 j 厂商此时不进行研发，那么面临的市场反需求函数为 $P_j = 1 - Q_j - r_i Q_i$，同时，由于自愿或非自愿地失去了研发先机，从而只能成为 i 厂商的追随者。另外，本文不考虑两厂商串谋或者退出市场的情形。

为了体现厂商研发对市场结构的影响，本文从如下几个方面拓展了传统的"研发-生产"两阶段博弈模型。第一，p、r 都是研发投入 d 的函数，规定 $p'(d) > 0$，$p''(d) < 0$、$r'(d) < 0$，$r''(d) < 0$ 并且 $2r'p' + pr'' > (1 - r) p''$ 以保证最优研发投资量的存在。为简单起见，如果寡头双方都进行研发投资且至少有一方研发成功，额外有 $r(d_i) = r(d_j) = r$ 成立以保证产品的替代性是对称的。第二，与谢申祥和李长英（2008）、吉生保（2009）等文献事先假定市场结构不同，本文允许寡头在 Cournot 模型和 Stackelberg 模型之间作出选择，同时，为专注于对市场结构的考察，借鉴 DeCourcy（2005）的相关处理方法，令两厂商的边际成本相同并规范化为零，且不受研发与否的影响。② 最后，文章只考虑完全信息的情况。

（二）相关假设的提出

针对 Lambertini 和 Rossini（1998）提出由于厂商研发中的囚徒困境现象，厂商可能会选择无差异的产品进行竞争的情况；Berhofen 和 Berhofen（1999）补充认为如果厂商都倾向同质产品竞争的话，那么，不论 Cournot 模型还是 Stackelberg 模型，囚徒困境发生的可能性就会降低。而上述文献出现研发囚徒困境的根源在于产品差异化程度的对称性，而这一点在双寡头模型中是普遍成立的。对此，可以得到如下假设：

假设 1 在产量为决策变量的双寡头模型中，由于研发外部性的存在，寡头之间的研发动机是不对称的。

给定其他条件不变，在确定性情况下，按照获利最大化原则，在数量决策的 Cournot 模型和 Stackelberg 模型之间，如果厂商可以成功获得先行动的机会，那么，厂商会倾向于选择 Stackelberg 模型，从而成为领先者；而没有抓住先行动机会的厂商由于不甘心作为追随者（获得较少的利润），从而倾向于选择 Cournot 模型。但是，当存在研发的不确定性和外部性的时候，厂商即使面临先行动的机会（如一项新技术的开发），在可能获得的领先者利润和确定的研发（固定成本）付出之间，厂商的选择是不确定的。相反，对于没有抓住先行动机会的厂商，由于研发外部性的存在，搭便车（成为追随者）也会给其带来相应的收益，情况变得不再那样糟糕，厂商的选择也是不确定

---

① 具体而言，$r = 0$ 表示产品之间没有关系，从而 i 厂商在市场中成为实质上的垄断者；$r = 1$ 表示产品之间完全替代，厂商之间的竞争性最强。有的文献为产品间研究替代性与互补性的关系，规定 $r \in [-1, 1]$。见谢申祥和李长英（2008）。

② DeCourcy（2005）认为该标准化对模型求解"并非必要"（not necessary），但是在随后进行的不同情况下均衡解的比较中可以简化计算而不失其本质。

的。从而，可以得到如下假设：

假设2 厂商对不同市场结构的偏好依赖于研发的不确定性以及研发的外部性。

给定其他条件不变，社会福利与市场结构有密切的关系。在确定性条件下，厂商之间竞争越激烈，消费者福利越大，但相应地会降低厂商的利润；然而，一般而言，前者大于后者，从而倾向于认为竞争有利于社会福利的改进。DeCourcy（2005）研究了研发存在外部性情况下厂商以及社会福利的最优市场结构，认为在外部性程度较小的情况下，厂商倾向于自由竞争式的研发非合作，而社会福利则要求厂商组成"合营研发"，甚至要求政府进行干预（对本国企业的研发进行补贴或征税）。[①] 但是在研发外部性和不确定性同时存在的情况下，结合 DeCourcy（2005）的研究，可以预期，首先发现研发机会的厂商研发能力越强，研发成功的概率越大，外部性就会得到更大程度的强化，Stackelberg 市场结构可能会优于 Cournot 市场结构；反之，如果厂商虽然发现了研发机会，但是研发成功的概率很小，从而外部性就会受到抑制，Cournot 市场结构可能会优于 Stackelberg 市场结构。相应地，可以得到如下假设：

假设3 由于研发外部性和不确定性的存在，对于不同的厂商，最优市场结构可能是不同的，而且，厂商最优市场结构与社会福利最优市场结构也可能是不一致的。

三、相关假设的理论分析

首先考虑没有研发机会的"基准模型"（benchmark model）。这时厂商的利润函数可以分别表示为 $\pi_i^b = [1-(Q_i+Q_j)]Q_i$，$(i \neq j)$，在 Cournot 模式下容易得到两厂商相应的产出水平 $Q_i^b = Q_j^b = 1/3$，$P^b = 1/3$，进而可以得到相应的利润 $\pi_i^b = \pi_j^b = 1/9$，上标 b 表示"基准模型"情形。不失一般性，下文假定 i 厂商由于某种原因较 j 厂商首先发现了一项新的研发机会。

（一）厂商研发动机的考察

在厂商 i 决定对该项研发进行投资的情况下，按照厂商 j 研发投资决定，可以分为 {［投资，不投资］，［投资，投资］} 两种情况。在厂商 i 决定不对该项目研发进行投资的情况下，按照厂商 j 研发投资决定，可以分为 {［不投资，投资］，［不投资，不投资］} 两种情况，在完全信息且两厂商的研发投资决策是序贯作出的情况下，若厂商 j 发现 i 面临研发机会而没有利用，自己也不应该选择利用，从而将 {［不投资，投资］} 战略剔除，而 {［不投资，不投资］} 战略实际上又回到了基准模型。[②] 这样，下面只对前两种战略分别予以考察。

1. 厂商 i 决定进行研发投资，而厂商 j 不进行研发投资，即 {［投资，不投资］} 情况。

---

① 本文引入消费者剩余和研发的不确定性，拓展了 DeCourcy（2005）的研究。

② 即使两厂商的研发投资决策是同时作出的。在本文的分析框架下，［不投资，投资］情况的分析与［投资，不投资］情况的分析是对称的，所以也没必要将其单独加以分析。

在这种情况下，厂商 i 因为单边研发而成为领先者，相应的期望利润函数分别是

$$\begin{cases} \mathrm{E}\pi_i^S = p_i(1-Q_i-r_iQ_j)Q_i + (1-p_i)(1-Q_i-Q_j)Q_i - d_i \\ \mathrm{E}\pi_j^S = p_i(1-Q_j-r_iQ_i)Q_j + (1-p_i)(1-Q_j-Q_i)Q_j \end{cases} \quad (1)$$

可以求得 $Q_i^S = \dfrac{1-k/2}{2-k^2}$，$Q_j^S = \dfrac{1}{2} - \dfrac{k}{2}\dfrac{(1-k/2)}{(2-k^2)}$，上标 ^{S} 表示 Stackelberg 情形。其中，参数 $k = k_i = r_ip_i + 1 - p_i$，显然，$k(r) \in (1-p, 1)$，$k(p) \in (r, 1)$。将其带入式（1），可以得到利润关于研发投资 d_i 的函数如下：

$$\begin{cases} \mathrm{E}\pi_i^S = \dfrac{1-k/2}{2-k^2}\left(1 - \dfrac{1-k/2}{2-k^2} - \dfrac{k}{2} + \dfrac{k^2(1-k/2)/(2-k^2)}{2(2-k^2)}\right) - d_i \\ \mathrm{E}\pi_j^S = \dfrac{1}{4}\left(1 - k\dfrac{1-k/2}{2-k^2}\right)^2 \end{cases} \quad (2)$$

图 1 显示了式（2）与基准模型的比较情况。可以发现，如果 j 厂商不跟进 i 厂商进行研发投资的话，i 厂商的毛利润始终大于基准模型，从而，只要研发投资占毛利润的比例不是太高（低于 $5/9 \approx 0.56$），理论上讲，i 厂商有抓住研发投资机会的动机；研发成功的概率越大，产品替代性程度越低，k 的值相应越小，i 厂商越可以容忍较高的研发投资成本。

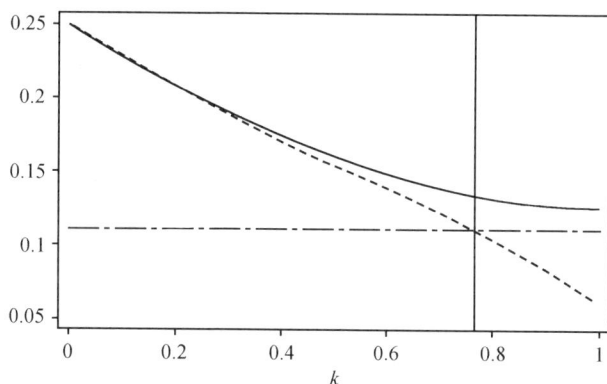

图 1　〈［投资，不投资］〉情况下厂商毛利润①

在 j 厂商不选择跟进的情况下，j 厂商获得的利润既可能高于基准模型，也可能低于基准模型，依赖于搭便车的外部性收益与作为追随者利润的损失之间的比较，研发成功的概率越大，产品替代性程度越低，k 的值相应越小，j 厂商因外部性获得的收益越占主导，越倾向于不进行研发；相反，研发成功的概率越小，产品的替代性程度越高，k 的值相应越大，j 厂商因作为追随者造成的利润损失越占主导，越倾向于研发跟进。当研发成功的概率和产品替代性程度之间的组合满足 $k = \hat{k} = 0.7639$ 的时候，j 厂商研发跟进与否是无差异的。

---

① 图 1 中 Epaii、Epaij 分别表示 i、j 厂商在〈［投资，不投资］〉情形下各自的"毛利润"（profit gross of fixed cost）水平，为了同基准模型进行对比，这里列出了基准模型下 1/9 的利润水平（用 Epai0 表示）。另外，这里还给出了 j 厂商有无研发跟进动机的临界值 0.7639。

2. 厂商 i 决定进行研发投资，厂商 j 研发跟进，即 {［投资，投资］} 情况。

在这种情况下，厂商 i、j 又回到 Cournot 竞争模式，相应的期望利润函数分别为

$$E\pi_i^C = p_i(1 - Q_i - rQ_j)Q_i + (1 - p_i)(1 - Q_i - Q_j)Q_i - d_i, i \neq j \qquad (3)①$$

可以求得 $Q_i^C = (2 - k_i)/(4 - k_i k_j)$，$i \neq j$，上标 C 表示 Cournot 情形。其中，参数 k_i、k_j 的定义类似前一部分关于 k 的定义。带入式（3），可以得到利润关于研发投资 $d_{i(j)}$ 的表达式为

$$E\pi_i^C = \frac{2 - k_i}{4 - k_i k_j}\left(1 - \frac{2 - k_i}{4 - k_i k_j} - k_i \frac{2 - k_j}{4 - k_i k_j}\right) - d_i, i \neq j \qquad (4)$$

图 2 显示在两厂商都进行研发投资情况下厂商各自期望毛利润的空间变化情况。以 i 厂商为例，毛利润在 k_j 取零的时候取极大值，对应 j 厂商的研发一定能够成功并且造成产品之间的替代性完全丧失的情况。显然，此时无论 i 厂商研发成功与否，都能获得最大化利润。而且，在给定 k_i 的情况下，k_j 的增加使得 i 厂商的期望利润几乎没有增加，这与 p_j 的下降有密切的联系；在给定 k_j 的情况下，k_i 的降低使得 i 厂商的期望利润明显增加，而且 k_j 的初始值越小（对应的 p_j 越大），这种增加效果越明显，这与 p_i 的上升有密切的联系。另外，两厂商毛利润的空间图关于平面 $k_i = k_j$ 对称，在 $k_i >$ （<）k_j 的半空间内，由于对应的 $p_i <$（>）p_j，j 厂商的毛利润大（小）于 i 厂商的毛利润。综合以上，可以得到如下结论：

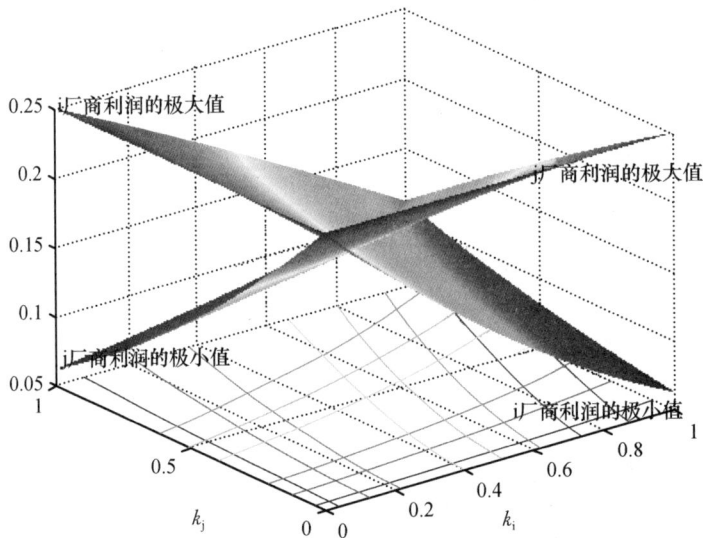

图 2　{［投资，投资］} 情况下厂商毛利润②

结论 1　一般而言，如果不考虑作为固定成本的研发投入，首先发现研发机会的厂

---

①　这里体现了厂商在决定研发跟进时的谨慎态度，即在假定对方研发不成功的情形下计算自身的期望利润。笔者放松该假定，发现文中关于 Cournot 情形下市场结构与社会福利的结论有所放大。

②　有兴趣的读者也可以做出厂商利润关于研发成功概率 $p_{i(j)}$ 的图像。当给参数 r 以不同赋值的时候（当然，r 等于 1 的时候，图 2 会退化为一点，相当于即使研发成功，产品之间的原有的替代关系也不发生变化），会发现图形的基本走势是不变的。

商进行研发投资；后发现研发机会的厂商会选择搭便车，而不进行研发投资。

　　作为首先发现研发机会的厂商，是（否）会抓住研发机会的关键在于研发的收益溢价能（否）抵补作为固定成本的研发投资；而作为后发现研发机会的厂商，是（否）研发跟进除了取决于收益溢价能（否）抵补作为固定成本的研发投资以外，还取决于首先发现研发机会厂商的研发能力和研发外部性的高（低），除非前者的研发能力明显小于后者（即 $k_i > k_j$、$p_i < p_j$）。但是考虑到发现研发机会的能力往往受自身研发能力的影响，即高研发能力的厂商往往具有较高的发现研发机会的能力，从而，首先发现研发机会厂商的研发能力往往高于后发现研发机会厂商的研发能力。[①]

　　（二）厂商市场结构偏好的考察

　　在前面的分析基础上，可以分别得到厂商在〈［投资，不投资］〉、〈［投资，投资］〉情况下对不同市场结构的偏好以及这种偏好与一些重要参数的关系。如图3、图4所示。

　　在〈［投资，不投资］〉情况下，由于 r、p 都是研发投资 d_i 的函数，相比图1和图3的 (r, p, k) 空间更详尽地反映了 j 厂商对市场结构的偏好。平面 $k = 0.7639$ 截 $k = rp + 1 - p$ 为两个半平面。上半平面对应 j 厂商选择研发跟进，即偏好 Cournot 市场结构的情形；下半平面对应 j 厂商不选择研发跟进，即偏好 Stackelberg 市场结构的情形。显然，如果 i 厂商研发成功的概率很大，但是产品替代性程度较高，或者即使产品替代程度较低，但是 i 厂商研发成功的概率较小，j 厂商倾向于选择 Cournot 市场结构；如果 i 厂商成功研发的概率越大、产品替代性程度越低，j 厂商越倾向于 Stackelberg 市场结构。

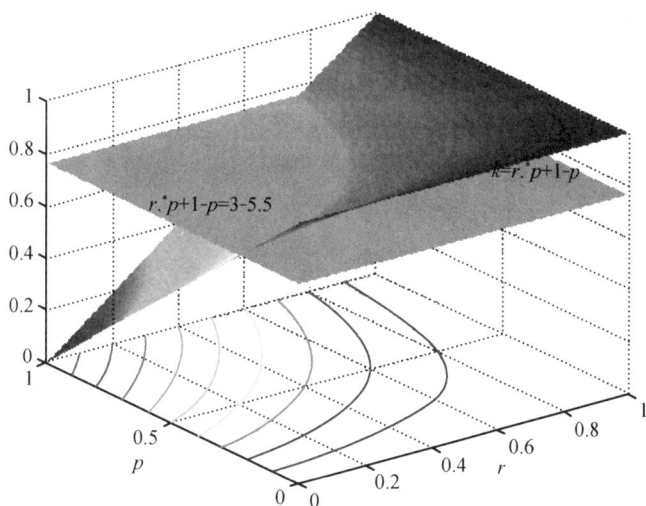

图3　〈［投资，不投资］〉情况下市场结构

---

　　①　实际上，这里无需对 i、j 厂商相对研发能力的高低做出事先假定。如果 i 厂商因为某种原因首先发现了研发机会，但是自身的研发能力相对较低，从而不会利用该研发机会，此时有两种情况：①j 厂商研发能力也不强，从而即使（后）发现该研发机会亦不会加以投资，这时市场结构仍停留在基准模型；②j 厂商研发能力较强，从而进行研发投资，这种情况下的分析与本文的分析是对称的，不再赘述。以后的分析都是在不对 i、j 厂商的相对研发能力做出事先假定的情况下进行的。

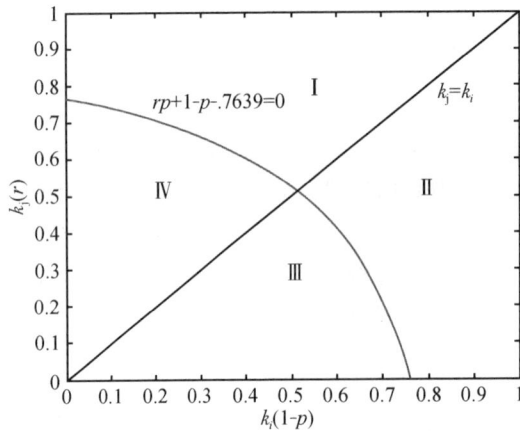

图 4 ｛[投资，投资]｝情况下市场结构

在｛[投资，投资]｝情况下，$k_{i(j)}$ 以及相应的 $p_{i(j)}$ 都是研发投资 $d_{i(j)}$ 的函数。综合图 2 和图 3，图 4 显示了在两种情形下厂商对市场结构的偏好。图中的 $k_i = k_j$ 表示图 2 中两利润平面的交线。在交线上方的 I、IV 区域，i 厂商偏好 Cournot 竞争模式；在交线下方的 II、III 区域，i 厂商偏好 Stackelberg 竞争模式。图中的 $rp + 1 - p = 0$ 曲线是图 3 中两平面的交线在底平面上的投影，在曲线左下方的 III、IV 区域，j 厂商偏好 Stackelberg 竞争模式；在曲线右上方的 I、II 区域，j 厂商偏好 Cournot 竞争模式。结合以上分析，可以得到如下结论：

结论 2　一般而言，首先发现研发机会的厂商研发能力越强，研发成功的概率相应越大，越倾向于偏好 Stackelberg 竞争模式以争取成为领先者，反之，则倾向于偏好 Cournot 竞争模式；后发现研发机会的厂商研发能力越强，不研发而作为追随者的相对收益越小，越倾向于偏好 Stackelberg 竞争模式以避免可能沦为追随者，反之，则倾向于偏好 Cournot 竞争模式。相比之下，产品替代性程度的弱化（提高），由于不会影响 $k_i = k_j$ 而不会改变首先发现研发机会厂商的上述市场结构偏好；但是会影响 $rp + 1 - p = 0.7639$ 与两坐标轴围成区域的面积，从而相应地强化后发现研发机会厂商对 Cournot（Stackelberg）市场结构的偏好。

（三）社会福利最优市场结构的考察

在讨论社会福利最优市场结构之前，先给出各种研发投资战略下消费者（期望）剩余的表达式为

$$CS^b = (1/3 + 1/3)^2 / 2 = 2/9$$
$$E(CS^S) = (1 - p_i)(Q_i^S + Q_j^S)^2 / 2 + p_i (Q_i^{S2} + Q_j^{S2} + 2 r^S Q_i^S Q_j^S) / 2$$
$$E(CS^C) = (1 - p_i)(1 - p_j)(Q_i^C + Q_j^C)^2 / 2$$
$$+ (1 - (1 - p_i)(1 - p_j))(Q_i^{C2} + Q_j^{C2} + 2 r Q_i^C Q_j^C) / 2 \tag{5}$$

其中，CS、E(CS) 分别表示消费者剩余及其期望；Q_i^S、Q_j^S、Q_i^C 和 Q_j^C 分别由式（1）和式（3）求解得到。

这样，社会（期望）福利可以表示为

$$W^b = 2/9 + CS^b = 4/9$$
$$E(W^S) = E(\pi_i^S) + E(\pi_j^S) + E(CS^S) + d_i \qquad (6)$$
$$E(W^C) = E(\pi_i^C) + E(\pi_j^C) + E(CS^C) + d_i + d_j$$

其中，W、$E(W)$ 分别表示社会福利及其期望；$E(\pi_i^S)$、$E(\pi_j^S)$、$E(\pi_i^C)$ 和 $E(\pi_j^C)$ 分别由式（2）和式（3）给出。利用式（6）可以得到厂商在 {［投资，不投资］}、{［投资，投资］} 两种战略下的社会期望福利。如图 5 所示。

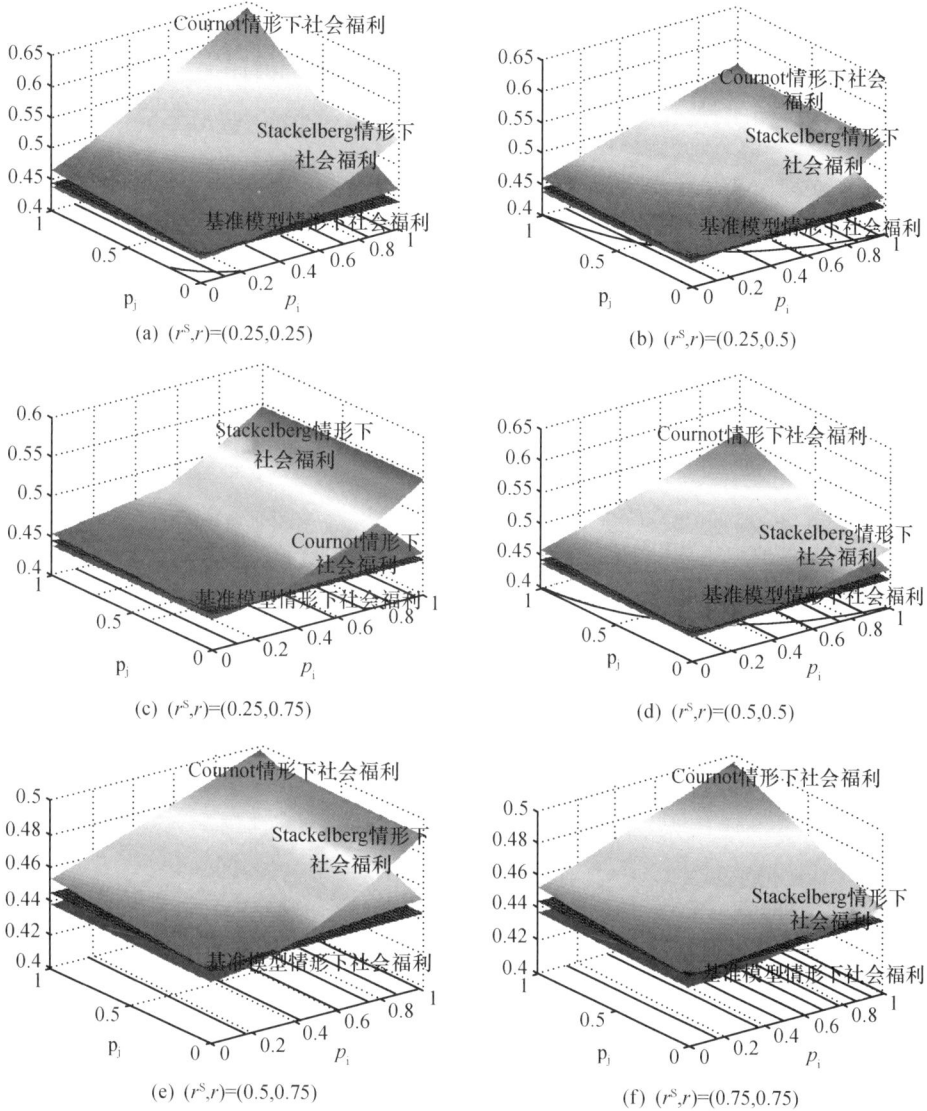

(a) $(r^S, r) = (0.25, 0.25)$

(b) $(r^S, r) = (0.25, 0.5)$

(c) $(r^S, r) = (0.25, 0.75)$

(d) $(r^S, r) = (0.5, 0.5)$

(e) $(r^S, r) = (0.5, 0.75)$

(f) $(r^S, r) = (0.75, 0.75)$

图 5　不同市场结构情形下的社会期望福利比较（替代性程度是内点解的情况）

图 5 给出了 (r^S, r) 在各种不同组合下的社会福利情形。可以发现：

（1）Cournot 情形下的社会福利都不低于基准模型情形下的社会福利，而 Stackelberg 情形下的社会福利则不一定高于基准模型情形下的社会福利，这依赖于厂商的相对研发能力。相对研发能力越强，Stackelberg 情形下的社会福利越可能高于基准模型情形下的社会福利。

（2）给定 Stackelberg 情形下产品替代程度 r^S，Cournot 情形下产品替代程度 r 越高，对应的社会福利程度越低，Stackelberg 情形下对应的社会福利程度越高。

（3）类似上面，给定 Cournot 情形下产品替代程度 r，Stackelberg 情形下产品替代程度 r^S 越高，对应的社会福利程度越低，Cournot 情形下对应的社会福利程度越高。

为了进一步考察产品不同替代程度组合下，各种研发投资模式对应社会福利的演变情况，在图 5 考察 r^S、$r \in (0，1)$ 内点情况的基础上，图 6 考虑了 r^S、$r \in \{0，1\}$ 角点的情况。同时为了分析可能出现的突变情况，在分析角点的时候加入了角点与内点的组合。如图 6 所示，可以发现：

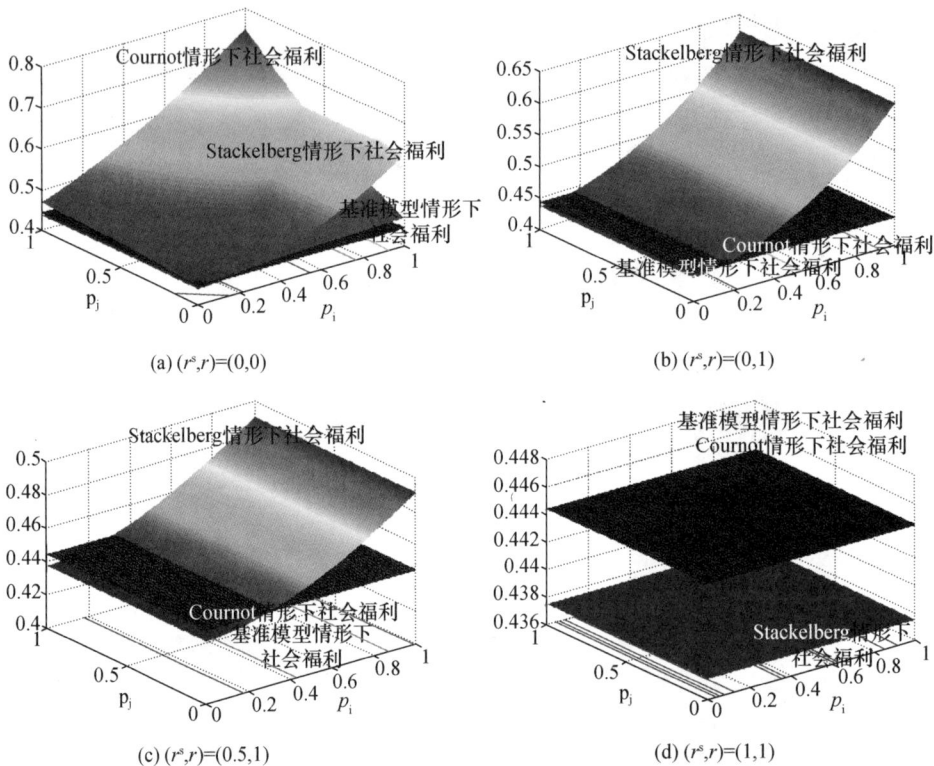

图 6　不同市场结构情形下的社会期望福利比较（替代性程度是角点解的情况）

（1）即使考虑 r^S、$r \in \{0，1\}$ 角点的情况，Cournot 情形下社会福利仍不小于基准模型下社会福利，而且只有在 $r=1$ 的时候，Cournot 情形下社会福利取最小值，两者相等。从社会福利角度考察，只有当产品替代性程度不因双边研发而发生变化的时候，双边研发才会成为"过度投资"（over-investment），属于一种"净损耗"（dead loss），不会带来社会福利的改进。

（2）在只有单边研发投资的 Stackelberg 情形下，当 $r^S \geqslant 0.845$ 的时候，社会福利平面严格位于基准模型情形下社会福利平面的下方，即被基准模型情形下社会福利严格占优。经济意义在于，对于首先发现研发机会的厂商而言，研发不足以产生足够的外部性，从而对社会而言没有吸引力。当 $r^S<0.845$ 的时候，随着 r^S 的进一步降低，视首先发现研发机会的厂商的研发能力而定，Stackelberg 情形开始逐渐占优，研发能力越强，Stackelberg 情形占优的可能性越大。

（3）同样是单边研发投资的 Stackelberg 情形，对于首先发现研发机会的厂商而言，研发能力越强，越倾向于抓住（利用）该研发机会；而当研发能力较低，使得研发成功的概率不足 0.13 的时候，即使面临对其最有价值的研发机会（$r^S=0$），社会福利最大化也要求厂商选择放弃。综合以上分析，可以得到如下结论：

结论 3　与厂商对市场结构的偏好不同，从社会福利最大化角度来看，如果不考虑研发引致的固定成本，Cournot 竞争模式是一种弱占优于基准模型的市场结构；而 Stackelberg 竞争模式则依赖于领先厂商研发能力和研发外部性的高（低），可能高（低）于基准模型情形以及 Cournot 情形下社会福利，而且领先厂商研发能力和研发外部性越高，Stackelberg 情形下社会福利高于基准模型情形以及 Cournot 情形下社会福利的可能性越大。

四、模型分析的政策含义

结合文中的模型分析结论，可以得到如下政策含义启示：

（一）厂商研发动机方面

鉴于厂商研发动机的不对称性，对于首先发现研发机会的厂商，只要其承担较小部分的研发投资（或者极端地，不承担研发投资），抓住该项研发的动机就会上升。① 这样，如同建立信用评级机制，应该对行业内厂商的研发能力也进行相应的评级，提高研发投资基金的使用效率。具体而言，应该为研发能力较强的厂商（尤其是研发能力评级较高的民营企业）提供相应的融资服务，促使其抓住研发机会。同时，对于外部性程度不同的研发机会，在融资的时候予以不同程度的优惠，以带动业内更多的厂商研发跟进，进一步改进社会福利。

以汽车产业为例，本土企业不能永远甘于作为追随者、满足于仅仅获取跨国公司的技术溢出效应，而是应该着眼于提高企业自身的研发能力，这样才能在企业发展到一定阶段、来自外商企业的竞争压力无法回避的时候（如产品替代性程度比较高的时候），有能力直面竞争，真正实现"以竞争换技术"。为此，从东道主国的角度来看，应该进一步发展职业教育和培训体系，提高相关从业人员的知识技术水平，重点培育系统集成

---

① 有这样一种可能——在极端情况下，首先发现研发机会的厂商完全不承担研发投资，这时候厂商就会不顾自身研发能力的高低，而选择抓住研发机会。短期内，这可能会导致"道德风险"问题而降低研发投资基金的使用效率。但是，只要加强研发基金的审批和后续追踪等环节的管理，并与厂商的研发评级相挂钩，长期而言，就可以在不影响厂商抓住研发机会的同时降低这种潜在的"道德风险"。

能力和原始创新能力，努力营造有利于本土企业吸收和使用新技术的环境，以促进新技术使用的推广和扩散，提升本土企业的研发动机，这也是建立创新型国家的应有之意。

（二）市场结构方面

鉴于社会福利最优市场结构与厂商偏好市场结构并不完全一致，政府和相关机构应对研发投资进行政策性引导，对于外部性较强的基础性研发（如汽车产业领域中的新能源、新材料以及核心零部件的开发等），为了避免在研发上的投资不足，除了加大推广使用的力度以外，还要降低研发基金的使用门槛，鼓励后申请者继续申请；而对于外部性较弱的应用性研发（如主要出于巩固渠道和品牌目的而进行的一些创新行为，以造成与竞争对手的差别化），鉴于厂商在渠道拓展和品牌推广上的"热衷"，为了避免在此类研发上的过度投资，除了作好专利的保护以外，还要对后申请者提高研发基金使用的门槛，迫使其转向新一轮的研发或者许可等使用方式。

参 考 文 献

鲍世亨，黄登兴. 2008. 产品异质性下之市场规模与厂商的集聚. 经济论文，38（4）：405-423

杜言宾. 2009. 自主创新：汽车产业大国的成功精髓. 汽车工业研究，（1）：21-22

郭晓曦. 2004. 研发与市场结构：基于成本视角的分析. 中国工业经济，（6）：22-28

吉生保. 2009. FDI 视角：跨国厂商研发量的经济模型分析. 财经研究，35（5）：132-143

谢申祥，李长英. 2008. Stackelberg 竞争条件下的最佳福利关税与最大收入关税. 财经研究，34（4）：26-36

张纪康. 1999. 跨国公司进入及其市场效应——以中国汽车产业为例. 中国工业经济，（4）：77-80

Bernhofen D M，Bernhofen L T. 1999. On the likelihood of a prisoners' dilemma in a differentiated duopoly. Economic Letters，64（3）：291-294

DeCourcy J. 2005. Cooperative R&D and strategic trade policy. Canadian Journal of Economics，38（2）：546-573

d'Asprement C，Jaquemin A. 1988. Cooperative and noncooperative R&D in duopoly with spillovers. American Economic Review，32：1133-1138

Harter J F R. 1993. Differentiated products with R&D. Journal of Industrial Economics，XLI（1）：19-28

Hotelling H. 1929. Stability in competition. Economic Journal，39（153）：41-57

Ito B，Wakasugi R. 2007. What factors determine the mode of overseas R&D by multinationals? empirical evidence. Research Policy，36（8）：1275-1287

Jorde T M，Teece D J. 1990. Innovation and cooperation：implication for competition and antitrust. Journal of Economic Perspectives，4：75-96.

Lambertini L，Rossini G. 1988. Product homogeneity as a prisoner's dilemma in a duopoly with R&D. Economic Letters，58（3）：297-301

Lucas R. 1988. On the mechanism of economic development. Journal of Monetary Economics，22（1）：3-42

Okamuro H. 2007. Determinants of successful R&D cooperation in Japanese small businesses：the impact of organizational andcontractual characteristics. Research Policy，36：1529-1544

Qiu L D，Tao Z. 1998. Ploicy on international R&D cooperation：subsidy or tax. European Economic Review，42：1727-1750

Romer P. 1986. Increasing return and long-run growth. Journal of Political Economy，94 (5)：1002-1037

Singh N，Vives X. 1984. Price and quantity competition in a differentiated duopoly. Rand Journal of Economics，15：546-554